버팀목

버팀목

조경자 수필집

수필과비평사

■ 머리말

일기장을 뒤적이며 청춘 때부터 쏟아낸 넋두리를 모았다. 가슴에 있는 것들을 풀어내려 글공부에 발을 내딛고 써왔던 것들도 모아 보았다.

잊었던 기억들이 부끄러움이 되어 뭉개지듯 저며오고 뭉쳐있는 것들을 하나씩 털어내야 남은 삶을 맑게 살 수 있을 것 같아 겉옷을 하나씩 벗어 던지면서 나는 떨고 있다.

집필을 끝내고 이불을 뒤집어쓰고 엉엉 울고 싶었다. 외로움에 떨고 있는 나는 누군가로부터 위로를 받고 싶었다. 내 삶에 반평생 역사를 함께 써오면서 언제나 옆에서 후원자로 용기를 주던 그 사람이 몹시 그립다.

출판사에 넘길 때까지 퇴고하라는 교수님 말씀이 귀에 쟁쟁하다. 감당할 수 없어 터덕거리며 써온 자전적 수필집, 부족한 어휘력과 문장력에 한계를 느끼고 의식하면서도 욕심내고 싶었다. 이것도 글이냐며 비난할지라도 누군가 한 사람만 함께 공감해준다면 그것으로 족하련다. 이해할 수 없다고 고개를 갸웃거리던 이웃과 사랑하는 가족들에게 삶에서 녹아내린 것들로 변명하면서 엄마로 살아온 삶과 한 여자로 살아온 삶을 이해받고 싶다.

학기마다 계속해? 했던 번민을 밀쳐내고 할 수 있을 때까지 더 배우고 함께 공부하는 문우들 말에 더 귀 기울여 듣고 배워 수필다운 수필집을 꿈꾸어 볼 것이다.

이 자리에 이끌어 주신 주님께 영광 돌립니다. 함께 공부하며 도와준 선생님들 고맙습니다. 책을 내는 데 동기 부여가 되어준 이금주 선생님 감사합니다. 책을 낼 수 있는 자리로 이끌어 주신 교수님 고맙고 감사합니다.

나를 낳아주고 나의 버팀목이 되어준 내 엄마, 내 아들, 딸들 저 멀리서 바라보고 응원해 주는 남편에게 이 책을 바칩니다.

2022년 가을

조경자

■ 차례

제2부 북극성의 꿈

제3부 천 원의 행복

제4부 버킷리스트

1부 꽃다발

감자

유월이 되면 저마다 뽐을 내던 꽃 축제를 뒤로하고 세상은 온통 푸른 숲들의 풍경으로 눈이 부시다. 들녘에 심은 모들이 바람에 흔들리는 모습은 마치 한 발짝씩 떼며 아장거리는 아이처럼 귀엽고 사랑스럽다.

우리 어렸을 때 모내기를 하고 보리를 베고 난 뒤 군것질거리는 하지감자였다. 갓 캐온 감자를 확독에 넣고 물을 조금 부어 두 손으로 비벼대면 껍질이 홀랑 벗겨진다. 가마솥에 감자를 넣고 삶아서 어느 정도 익으면 감자를 건져내고 솥에 있는 물을 바가지로 퍼낸다. 다시 감자를 넣고 불을 한 번 더 지피고 솥뚜껑을 열면 감자는 고소한 냄새를 풍기고 하얀 분가루를 뿜어내며 쩍쩍 벌어져 있었다.

산업이 발달한 지금은 호호 불며 먹었던 그 감자 맛을 찾아볼 수가 없다. 그릇에 담아 설탕을 조금 넣고 수저로 으깨어 떠먹던 그 맛을 그리며 감자를 쪘다. 손자들에게 할머니 어렸을 때는 이렇게 먹었다고 말하며 부산을 떤다. 아이들은 시큰둥하고 내 입맛에도 그 맛이 아니다.

계란을 삶아 중심에 두고 삶아서 으깬 감자로 덧입히고 빵가루로 옷을 입혀 기름에 튀겨냈던 감자 고로케, 고교 시절 실습시간에 유일하게 배운 요리이다. 내가 엄마가 된 뒤 아이들의 군것질거리도 하지감자였다. 삶아서 쟁반에 놓고 약간 힘을 주어 손바닥으로 누르면 부서진 감자는 부드럽고 맛이 더했다. 아이들과 함께 먹던 감자 맛은 사랑과 함께 더 맛있었다.

아이들을 뒤로하고 틈만 나면 몇 명 되지 않은 교인들 심방과 일 년이 멀다 하고 집 짓고 이사하며 분주하게 살아갈 때, 아이들은 학교 수업이 끝나면 친구들을 몰고 집보다 외가로 향했다. 막내 이모는 몰려든 조카들에게 감자를 삶아 주었다며 음식이 까다로운 둘째 아들은 지금도 삶은 감자를 먹으며 옛 이야기를 들려준다.

어렸을 적 추억을 들려주는데 미안함과 고마움과 함께 양심이 찔려오는 것은 무엇 때문일까? 더 포근하게 감싸주지 못하고 보살피지 못해 미안하고 나를 대신해 조카를 챙겨준 동생이 고맙다. 해마다 이맘때 수북이 쌓인 감자를 보면 이런저런 생각이 떠오른다.

결혼해 서울에서 살고 있는 막냇동생에게 매년 감자 박스를 보내 주리라 다짐하고 그 고마움을 몇 번이나 전했다. 지금은 모든 것이 풍요로운 세상이다. 시댁이 전주였던 막내네 시부모가 모두 떠나시니 친정엄마가 살아계셔도 옛날처럼 자주 내려오지 못한다. 감자값보다 택배비가 더 나가는 잉여 사회에 살고 있는 지금 아이들에겐 어떤 일들이 따뜻한 추억으로 남을까 궁금하다.

아쉬움과 아름다운 추억을 더듬으며 감자가 수북이 쌓여 있는 가게 앞에 머무른다. 내 것 한 박스 엄마 것도 한 박스……. 아직도 감자가 피자보다 맛있다.

내 안의 소리

난 오늘도 내 겉모습과 또 다른 내면에 깊이 감추어진 소리에 놀라며 아직도 버리지 못한 내면의 모습을 본다. 음력 정월이 지나고 이월이 들어서면 일기 변화로 삼한 사온이 없어진 맹추위 동장군이 기승을 부린다. 새벽예배를 드리고 가는 길, 싸한 바람에 코까지 감싸던 목도리를 턱까지 내리고 깊은 호흡으로 찬바람을 들이켠다. 머리가 맑아지고 새벽바람이 달다.

별 하나 뜨지 않은 어두운 밤하늘을 우러러보며 감사하는 마음으로 한 날을 살리라 다짐도 한다. 버리노라, 내려놓겠노라 다짐하지만 돌아서면서 내 이기심과 욕구들이 한꺼번에 치솟아 나를 넘어뜨리는 부끄러운 내 모습을 보게 된다. 치단는 육의 세계와 영의 세계를 분리해서 합리화시키며 단절할 수 없는 몸이 담긴 세속에서 내 눈높이에 맞추어 갈등하고 육신의 세계에 머물러 버리는 내가 정말 싫다.

아이들 먹이고 입히는 것 걱정할 일 없었지만 내 것이 아닌 다른 것을 좇아 살아온 속인임을 고백한다. 성전에 찾아가 겸손히 머리 숙이면서 하루아침에 복권당첨자들 행복 지수는 그전보다 불행하다는 말을 들으면서도 주었다 빼앗았다를 반복하는 어처구니없는 상상도 했었다.

한때는 "그런즉 너희는 먼저 그의 나라와 의를 구하라. 그리하면 이 모든 것을 더하시리라" 수없이 들었던 성경 말씀 붙들고 어린 것 걸리고 손 잡고 등에 업고 성도들과 교제하던 때가 있었다. 지금 생각하면 복음이 먼저가 아닌 모든 것을 더하신다는 말씀이 먼저였던 것 같다. 내면에 숨어 있는 내 이기심이 때문이었음을 고백한다.

《허그》의 작가 닉 부이치치는 팔 다리 없는 몸을 가지고 태어나 성장하면서 날이 새면 팔이 붙어 있기를 기도했고 다리가 있기를 기도했다. 아침이 밝을 때 그 모습 그대로인 것에 실망하고 좌절하면서 왜? 하나님 왜요?를 반문하며 절망했다. 번뇌하면서 성경 말씀 중 누구의 죄도 아니요 하나님 영광를 드러내기 위함임을 깨닫고 내 것으로 받아들였다는 것은 믿음이었을까, 포기였을까, 체념이었을까를 내 수준으로 상상했다. 지금은 팔 다리 없는 몸으로 세계 곳곳을 돌아다니며 많은 사람에게 희망과 용기를 주는 모습을 책을 통해 읽으면서 고개를 들 수 없는 부끄러움을 느낀다. 수없이 반복되는 갈등과 무너지는 자신과의 싸움에서 무엇을 얻었나 깊이 성찰도 해 보았다.

걸리고 손 잡고 업었던 아이들이 성장하여 가정을 이루고 난 머리가 하얀 할머니가 되어 있음에도 한 번씩 몸살을 앓으면서 어쩔 수 없이 포기하고 내면이 철들지 못한 할머니가 되어 무릎을 꿇어 앉히지만 아직도 이리저리 튕기는 탁구공은 내 안의 소리와 함께 헤매고 있다.

꽃다발

경칩이 가까우니 메말랐던 나무들에 물이 오르고 계절의 신비는 꽃망울을 편지로 전해온다.

"함 사시오~ 함 사시오~!" 아파트 마당 가운데서 삼삼오오 함잡이들이 큰소리로 외쳤다. 떠들썩한 소리에 집집마다 창문이 열리고 함박웃음으로 내일의 신부를 축복해주고 있었다. 엘리베이터 덕분에 옛날 풍습 같은 실랑이 없이 단숨에 집 앞까지 도착하였다. 준비하고 있던 신부 친구들의 애교로 오징어 얼굴을 한 함잡이는 집안으로 들어오고 신부 가족들은 반가이 그들을 맞아들였다.

신부의 엄마를 앞세운 함잡이들은 꽃다발을 한 아름 안겨주며 "낳으실 제 괴로움 다 잊으시고~" 노래를 불러주었다. 신부 엄마는 난생처음 받아보는 꽃다발과 낯모르는 청년들의 환호에 수줍기도 하고, 딸을 떠나보내는 섭섭함도 행복으로 변해 흐르는 눈물을 주체할 수 없었다.

그대 결혼한 딸의 아들이 대학을 갔으니 21년 전 일이다. 그 뒤 가끔씩 그 감격이 새로워 딸을 보냈다는 서운함보다 행복이 묻어나왔다. 어버이날 가슴에 달아주던 카네이션도, 엄마는 꽃을 좋아한다며 건네주는 튤립 한 송이와 프리지어 한 다발로도 그때 그 감동은 맛볼 수가 없다.

나는 꽃을 참 좋아한다. 할미꽃, 바람꽃, 복수초……. 영정사진도 꽃밭에 있는 모습이고 싶어 봄이면 매화, 개나리, 영산홍, 유채꽃에 파묻힌 모습을 남긴다. 여름이면 금계국, 접시꽃, 가을이면 메밀꽃, 구절초, 꽃무릇 속을 헤매며 남겨 놓았다.

교회 직분을 은퇴했을 때 함께 봉사하는 목사님은 나를 위해 봉사자들과 예배를 드려 주었다. 하나님 앞에서는 주님 만나는 날까지 은퇴가 없다며 격려해 주시고 성경에 나오는 스데반 이야기를 해 주셨다. 복음을 전하다 군중이 던진 돌에 맞아 숨을 거두면서도 해처럼 빛나는 얼굴로 주님을 영접했다는 말씀은 내 영혼의 꽃다발 같은 선물로 가슴에 담고 있다.

얼마 전 일이다. 가까운 권사님들 몇 명을 초대했다. 한 권사님이 예쁜 포장지에 담아온 베고니아 화분을 나에게 선물해 주었다. 쌩긋 웃으며 "꺾은 꽃보다 오래 볼 수 있는 꽃 화분이 더 좋지?" 영문도 모르고 내 입은 귀에 걸렸다. 딸아이 결혼 때 받아본 꽃다발 감격과 목사님이 주신 영혼의 꽃다발이 함께 떠올랐다. 가슴이 뜨거워졌다.

시시때때로 꽃다발을 받은 이웃들이 사진으로 올라올 때 난 지금까지 살면서 딸 결혼 때 꽃다발을 처음 받았다며 부러워서 투덜대었다. 이젠 베고니아로 부러움과 불만을 씻어내고 내 생에 잊지 못할 아름다운 기억으로 남게 되었다. 베고니아 꽃말은 부조화, 짝사랑이란다. "꽃말이 좀 그러네. 우린 짝사랑만 하더라고." 친구 권사가 전해준다. "짝사랑할 대상이 있는 것도 행복이겠지?" 난 여유를 부려본다.

지금은 꽃다발보다 값을 따지며 가족 식탁에 앉을 명태가 몇 마리 고기가 몇 근 하며 머리를 굴리는 할머니로 변해가고 있다.

그러나 얼마가 남았는지 알 수 없는 내 생을 생각하며 딸아이와 며느리에게 유언처럼 부탁한다. 내가 주님 부름을 받는 날 서러워 말고 재가 된 가슴에 꽃다발 한 아름 안겨 달라고.

나는 꽃가마 타고 시집온 내 모습을 떠올린다. 생이 끝나는 날 꽃상여 타고 흙으로 돌아가는 내 모습을 꽃다발 한 아름 안고 하늘을 날며 볼 것이다.

민들레

봄이 되면 수많은 발길에 짓밟힌 보도블럭 틈 사이나 시골집 담장 밑에서 꽃봉오리를 밀어 올리는 민들레꽃을 본다. 이 꽃은 봄을 느끼는 계절의 질서와 생명의 신비도 느끼게 한다. 꽃은 언제 보아도 해맑고 다소곳하다.

시골교회 방문 찬양 때 일이다. 담 밑에서 수줍은 듯 자신을 낮추고 먼저 우리를 반겨주는 민들레꽃은 움츠린 마음을 따뜻이 녹여 주었다. 어딜 가나 흔히 볼 수 있고 길손은 누구이든 웃으며 맞아주는 민들레, 꽃말을 찾아보니 감사하는 마음이다. 평소 남다르게 느껴왔던 민들레가 이로움이 많았다.

내 닉네임은 민들레다. 나는 민들레를 닮고 싶었다. 그 뒤 친구와 길을 걸으며 수줍게 핀 민들레를 보면 "여기 내 꽃, 이 꽃이 바로 나야. 훗날 내가 없어도 이 꽃을 보면 나를 기억해 줘." 했었다.

살아오면서 짓밟히고 짓이겨도 끈질긴 인내와 생명력으로 살아내는 민들레, 지난 세월 용하게 잘 견디고 살아온 내 삶이 노란 꽃잎 위로 겹쳐진다.

사람들은 상대를 짓밟고 올라서 목소리를 높이는 현실 속에서 민들레는 하나의 꽃대에서 한 송이 꽃이 피고 져야 다음 꽃대가 자신을 낮추고 꽃줄기를 옆으로 비스듬히 비켜 꽃을 피우는 겸손과 질서를 가르친다. 한약재로 쓰이며, 어린잎은 나물, 뿌리는 김치를 담가 먹는다. 꽃잎이나 꽃줄기에서 흐르는 하얀 유액은 종기 치료에 효과가 있고 꽃에는 꿀이 많아 날아온 벌과 나비에게 나누어 주고 또 꽃은 열매를 맺어 씨앗 송이가 되어 바람 따라 멀리 타향 땅에 떨어져 그 종족을 퍼뜨린다.

잎은 줄기 없이 밑둥에서 뭉쳐 나와 옆으로 퍼져 지면을 따라 납작하게 자란다. 중심 뿌리를 깊이 내리고 곁뿌리는 연약하나 곧은 뿌리로 자신을 지키는 것이다.

나는 남편과 오 년 열애 끝에 부부가 되었다. 상처를 안고 눈꺼풀에 콩깍지가 낀 채 부모님이 다투는 소리도 들리지 않았다. 그 뒤 우리는 부모 밑에서 살아온 날보다 곱절을 살아왔다. 때로는 상처를 주고받으며 다시는 안 볼 사람처럼 절교하고 때로는 작은 것 하나에 마음을 함께하고 세상을 다 얻은 것처럼 즐거워했다. 앞이 캄캄한 어두운 터널에서는 함께 있는 것만으로도 의지가 되어왔다. 큰아이가 오십을 바라보는 지금, 이마에 남겨진 삶의 흔적을 서로 쓰다듬으며 용서하고 화해를 청한다.

가끔씩 남편은 함께 견디어온 나를 향해 "예나 지금이나 내 마음은 일편단심 민들레"라고 고백한다.

자연의 질서 앞에서 가꾸고 거두는 이 없이 겸손하게 밟히면서 낮은 자리에서 수줍게 감사하고 자신의 생을 다한 뒤 다시 사랑의 씨가 되어 씨를 멀리 퍼뜨리는 민들레이고 싶다. 어쩌면 우리네 인생도 민들레와 같지 않을까? 우주의 질서 가운데 시샘하지 않고 겸손으로 옆을 살피며 서로 받쳐주고 피워내는 민들레. 여전히 그 시골교회 담장 밑에는 민들레가 피고 있겠지.

소소한 행복

나는 목욕을 참 즐긴다. 새벽 예배를 마치고 돌아오는 길, 남편 아침상도 뒤로하고 목욕탕을 향하는 발걸음은 왜 그리 즐겁고 가벼운지. 하루 세끼 밥상을 차리지 않으면 큰일이 난 것처럼 재촉하던 남편도 목욕탕 가는 두 시간은 보아주는 너그러운 이해심도 생겼다. 나에게 주어진 휴식시간에 여유를 부리며 행복을 만끽한다.

같은 요일 같은 시간대 만나는 낯익은 얼굴들이 모여서 때로는 감추고 싶은 자식 이야기 남편과 다툰 이야기들을 누구에게

질세라 서로 털어 놓는다. 어쩌면 아줌마들이 스트레스 풀어내는 해우소 같은 곳이다. 세상 흐름도 거기서 듣고 배우며 세상 이치도 깨우친다.

남편을 먼저 보내고 울 곳이 없어 천장에서 쏟아지는 물을 맞으며 한없이 울며 위로받았다는 사람, 또 누구와 말도 못 붙이게 얌전한 이가 남편 퇴직 후 변화에 받은 스트레스와 그날 가슴에 눌렀던 돌덩이를 확 날리고 돌아갔을 것이다.

아이들 어렸을 때 하나는 등에 업고 하나는 걸리고 토요일마다 목욕탕에 갔다. 이렇듯 목욕을 즐기면서 날마다 목욕탕을 찾는 사람은 이상한 사람이라 생각했고, 열심히 일을 하면서 찾는 사람은 경제 관념을 의심하던 어리석은 나였다. '가정주부가 가족들 밥은 어떻게 하고 새벽에 목욕탕에 앉아 있어?' 하던 편견을 가지고 보던 일을 내가 지금 하고 있다.

무더운 여름 온탕에 들어가서 느끼는 시원함, 추운 겨울 따끈한 물에 몸을 담근 후 찬물을 끼얹는 상쾌함, 이 소소한 행복에 하나님께 감사가 절로 나온다. 지금은 시대가 좋아져 목욕탕 시설들이 편리하고 쉬기 편하게 만들어졌지만 옛날 그대로인 동네목욕탕은 가족적이고 온탕에 앉아 얼음 띄운 냉커피를 서로 나누는 인심은 빼놓을 수 없이 누리는 행복 요소이다.

토요일은 주일을 맞이하여 팔 가슴 마음까지 박박 밀어내고 연말은 새해를 맞이하여 마음의 묵은 때 영혼의 묵은 때까지 씻어내고 씻어낸다. 감기가 올 것 같으면 쌍화탕 한 잔에 땀 흘리고, 마음이 울적하면 울적해서, 작은 일에 감사로 다가오면 어김없이 뜨거운 물과 찬물을 끼얹으며 영혼으로 감사드린다.

내가 누리는 이 행복이 어느 때까지 이어질 수 있을지 곱게 늙으신 어르신을 보며 내 훗날 모습도 엿본다. “등 밀어 드릴게요.” 낯선 어르신 등에서 내 어머니 등이 그려진다. 자식들 챙기고 손자들 커가는 만큼 내 어머니를 몇 발 뒤로 밀쳐 낸 불효에 용서도 빈다. 어김없이 고추장이며 뽀얗게 우린 사골국까지 챙겨 보내시는 어머니가 아직은 건강하게 내 곁에서 돌보아 주시니 고맙고 감사하다.

“할머니! 아빠에게 왜 야! 해?” “아빠가 내 아들이니 그러지.” “아니, 내가 아빠 아들인데?” 네 살배기 손자와 주고받는 평범한 대화 속에서 표현할 수 없는 여유로움과 작은 행복이 묻어난다. 나이 들면 철난다고 이 작은 것들에 행복이 있음을 나는 왜 이제야 터득한 걸까. 오늘도 난 손자의 손목을 잡고 목욕탕을 향한다.

조팝꽃

TV 〈불후의 명곡〉 시간이다. 가수 조용필이 부른 〈친구여〉를 내가 좋아하는 가수 김태우가 심금을 울리며 부른다. "꿈은 하늘에서 잠자고 추억은 구름 따라 흐르고…" 세일러복의 꿈 많았던 친구들이 떠오른다. 세일러복 입은 소녀 다섯은 "명랑 복덕방"이라는 문자를 넣어 사진관에서 사진도 찍었다. 등교 시간이면 학교 옆에서 자취하는 한 친구 집에 모여 등교를 했다. 지각도 함께 했고 청소 시간 땡땡이도 함께 했었다.

하교 후는 친구 집이 아지트가 되었다. 친구 어머니가 가져온

반찬과 쌀로 밥을 하고 하얗게 골마지가 낀 김치며 생채를 누가 더 먹을까 봐 깔깔대며 먹었던 그 맛은 지금도 침이 고인다. 추운 겨울이면 좁은 방에 비집고 앉아 서로 잡아당긴 이불솜이 이리 뭉치고 저리 뭉치고 그래도 좋아하며 웃던 때가 떠오른다.

졸업을 하면서 한 친구는 진학을 위해 서울로 떠나고 내가 사방이 하얀 벽에 둘러 한쪽 침상에서 링거를 꽂고 있을 때다. 한 친구가 유리병에 하얀 조팝꽃을 들고 들어왔다. 조팝꽃처럼 작고 수줍은 친구들은 무엇이 즐거운지 한 침대에 붙어 앉아 조잘거렸다. 맹장을 수술한 나는 배를 움켜잡고 깔깔대었다. 지금도 산이나 들에 핀 하얀 조팝꽃을 보면 유리병에 꽂았던 꽃 위로 〈메기의 추억〉을 부르던 친구 얼굴이 떠오른다.

몇 년이 흐른 후 꽃을 든 친구는 섬겨야 할 부모가 계신 것도 아니고 책임져야 하는 동생이 있는 것도 아닌데 의지했던 오빠가 명을 다하지 못하고 세상을 떠나자 서독 간호사로 떠났다.

전주천을 낀 다가산에 아까시꽃이 피면 다가동에서 태평동까지 꽃향내가 가득하다며 등굣길이 즐겁다 자랑하던 친구가 있었다. 백마 탄 왕자가 나타나 전원생활을 펼쳐주며 주말이면 변함없이 친정 나들이시키겠다는 꼬임에 시골 대농 홀어머니의 큰며느리가 되었다. 밥 한 그릇 하지 못하고 서울로만 진학하겠다고 떼를 쓰던 친구는 어엿이 대농 안주인이 되어 짚불로 밥을 짓고 들로 밭으로 누구보다 억척스러운 시골 아낙으로 변하였다. 여름이면 참외 수박을 보내주며 새집을 지어 유리로 창문을 달았다 자랑하고 마당에 핀 꽃을 보고 눈이 오고 비가 오는 것, 하늘에 별 달을 볼 수 있다 자랑하더니 무엇이 급한지 아이 셋을 남겨놓고 삼십을 갓 넘기고 홀연히 떠나버렸다.

또 한 친구는 층층시하 시 양할머니 양 시어머니까지 섬기며 손에 물 마를 사이 없어 돌아서 눈물 훔치더니 시름시름 앓는다. 까탈스럽던 남편도 어지간한 일엔 눈감아 주는 편한 남편이 되었단다.

서울로 진학한 친구는 일본으로 유학해서 20여 년을 넘게 살다가 늦은 나이에 첫사랑을 다시 만나 지금도 깨가 쏟아지게 살고 있다.

나는 김태우가 부르는 〈친구여〉를 들으며 새삼 그리워지는 옛날을 생각하며 전화기 버튼을 누른다. 오랜만에 두드린 버튼, 행여 모르는 음성이면 어쩌지 하며 초조하게 기다린다. 남도 억양 "여보세요." 다행히 정겨운 음성이다. "안 죽었어?" "오~매 지랄 안 뒈졌

냐." TV 〈친구여〉를 들으며 네 생각나서 전화 했다는 말에 저도 지금 막 그걸 들으며 같은 생각을 했단다. 우리는 이렇게 몇 세월을 보내고 몇 년이 흐른 후 받아보는 전화에도 허물없이 주고받으며 그동안 못다 한 이야기꽃을 피우고 독일 친구의 전화번호까지 얻었다.

늦은 저녁 시간이다. 설레는 마음으로 혹시 하며 카톡에 친구 신청 후 "까꿍" 글을 올렸다. 바로 "반갑다."며 답이 왔다. "여긴 조팝꽃이 한창이야. 네가 생각이 난다." "여기도 한창이야." 이렇게 전파가 주는 혜택으로 멀리 타국까지 일상을 주고받는다.

옛날 철없던 세일러복의 친구들은 이제 할머니가 되어 옛일을 그리워하고 있다.

빈 의자

여기저기서 꽃 축제가 열리는 봄날이다. 친구와 모악산을 갈까 금산사로 향할까 망설이다가 평화동에서 만나기로 하였다. 약속 시간보다 먼저 도착한 친구 연락에 달리는 버스보다 마음이 더 앞서간다. 승강장에 도착해서 행선지 번호판을 확인하니 옆에 아주머니가 "어디 가는디요?" 한다. "모악산요." "예, 지금 오네요." 친구와 눈 마주치고 숨 돌릴 시간도 없이 우린 버스를 탔다.

버스는 모악산을 향하지 않고 계속 직진만 하고 있었다. "우리 모악산 가는데 어디로 가는 건가요?" 하고 물으니 다음 정거장에서 내려 길 건너 다시 버스를 타야 한다는 친절한 아주머니의 대답이다. 미세먼지도 없는 전형적인 봄 날씨다. 그 아주머니 엉터리라며 원망보다 기분이 좋아졌다. 우린 맑은 공기를 가슴 깊이 들이마시며 모악산 쪽을 향해 걷기로 했다. 언덕길 여기저기 쑥들이 지천에 널려있다. 칼을 준비했어야 하는데 아깝다.

한적한 시골 마을엔 사람은 없고 집집마다 해묵은 나무들과 예쁜 집들이 대문을 열어놓고 봄볕을 맞이하고 있다. 얼마를 걷다가 정원과 연못이 있는 집에서 일하는 사람이 보였다. 우리가 머뭇거리며 "좋은 동네에 사시네요, 집도 좋다." 하니 금붕어 새끼를 옮겨주고 있다며 친절히 안으로 안내해준다. 아마 그분도 사람이 그리웠나 보다.

잘 가꾼 잔디 위로 해묵은 멋진 소나무가 그 집을 더 빛나게 해주고 앞마당 가운데로 가족이 즐길 수 있는 식탁과 바비큐 통, 내가 꿈에서 그리는 환상의 그림이다.

모퉁이를 돌아서니 이곳은 지인들의 주말농장이라며 단정히 비닐로 덮은 텃밭이 있었다. 현관 앞 퇴색된 빈 의자, 부인이 앉아 있던 의자라 버리지 못하고 있다는 의자의 내력을 설명해주며 처음 본 우리 앞에서 눈물을 감추지 못했다.

아내를 보내고 엊그제가 일 년 상이었다 했다. 투병하고 있던 방을 보여주며 벽에 걸린 사진을 설명하고 은은히 들리는 음악은 아내가 즐겨듣던 것이라 말했다. 축제 같은 이 봄도 마당 한쪽에 피어있는 할미꽃도, 금붕어 출산도 그에게는 슬픔인가 보다. 싸늘한 공기 속에서 숨이 막힐 것 같았다. 우리는 "슬픔에서 속히 벗어나 나오세요." 위로하고 같은 슬픔을 느끼고 떨어지지 않은 발길을 돌렸다.

퇴색하여 낡아버린 빈 의자를 버리지 못하고 부인의 영상을 안고 흘리는 눈물 속에 내 어머니 모습이 겹쳐졌다. 또 열심히 살아온 내 삶에서 아직도 버리지 못하는 내면의 허영심이 꿈틀거리고 있는 내게 회의를 느꼈다.

어머니는 종가집 종부로 팔 남매를 키우며 강하고 사나워져 종종 아버지에게 종 사왔으면 문서 내놓으라며 당신의 버거움을 풀어내셨다. 그때마다 선비 같은 아버지는 허허 웃음으로 그 자리를 피하셨다. 아버지가 노환으로 누워 계실 때 어머니는 새 이부자리로 먼저 갈아드리고 그 사나움도 원망도 없이 눈물만 훌쩍이던 모습이 떠오른다. 이십여 년이 지난 뒤 구십이 훨씬 넘어 백 세를 바라보는 어머닌 자식들로는 다 채우지 못한 서운함에 버거웠던 어깨짐도 원망도 잊어버리고 앞서간 아버지가 그리움으로 남겨지나 보다.

살다 보면 누구나 마음속에 눈 덮이고 먼지가 쌓이고 꽃잎이 내려앉은 빈 의자가 있다. 아버지는 내가 욕심과 욕망 가운데서 허덕이는 모습이 안타까웠는지 인생은 연극무대라며 그 연극의 주인공인 내가 명작으로 남기기 위해 아픔도 슬픔도 참아내며 성실히 연기하라고 지혜와 연륜으로 다독여주셨다. 또 가슴으로 견딜 수 없이 끓어오를 때 참을 인 자 세 번만 생각하라시던 따뜻한 인생의 선배로 꽃잎처럼 내 가슴에 남아있다.

그날 그 의자는 얼마나 그 자리에 서 있을까, 마음에 숙제로 남겨둔다. 모악산 주차장 벚꽃은 이제 막 피어 수줍은 열여덟 연분홍 얼굴이다. 역시 벚꽃은 꽃비가 내릴 때 낭만과 멋스러움으로 우리를 매료시킨다. 벚꽃 비는 주인 잃은 빈 의자에 쌓이고 있다.

열정

아침이면 남편 출근 후 젊은 엄마들이 약속이나 한 듯 골목 코너에 위치한 우리 집 대문 앞에 모였다. 내가 백일을 갓 넘긴 딸을 안고 나오면 그 아이가 화제의 주인공이 된다. 어느 코미디 장면처럼 장단을 맞추어 "김, 꽃님이 달님이 별님이, 황홀하다 우리 딸." 하며 함께 즐겼다. 내 눈에는 꽃님처럼 이뻤다. 그때 함께 즐겼던 사람들은 지금도 "꽃님이 잘있지?" 하며 안부를 묻는다.

나는 어려서 남문교회에서 운영하는 성심 유치원을 다녔다. 중고등학교는 가톨릭 계열에서 졸업했다. 할머니는 시골에서 논을 팔아 그곳에 교회를 세우신 분위기에 젖어 살았다.

결혼 후 안정된 가운데 아이를 업고 교회에 첫발을 디뎠다. 젊은 목사님이 목회 비전을 품고 계시는 작은 교회였다. 인간을 사랑하신 그리스도 구원과 참 그리스도인의 자세를 배웠다. 신앙생활을 사모했던 나는 쉽게 교회 생활에 익숙해갔다.

믿음 좋은 동갑내기 집사님을 만났다. 이들은 시골교회에서 만나 결혼한 부부로 믿음의 본이 되는 분들이다. 남편은 건축일을 하셨다. 우리는 뜻이 맞아 교회 기둥이 되어 남편이 당직하는 날은 남편과 자식을 주님께 맡기는 눈물 뿌린 기도를 하며 날을 밝혔다. 무엇이든 주님이 우선이었다. 심방하고 전도했다. 한 생명, 생명이 귀하고 소중했다. 헌신하고 노력하는 만큼 교인도 불어났다. 교회 성장에는 교인들과 물질이 필요했다.

건축하는 집사님을 따라 집을 팔고 땅을 사 집을 짓는 집 장사를 시작했다. 교회가 성장하여 새로 건축하게 되었다. 백 명도 채 안 되는 교인들은 한마음이 되어 봉사로 터를 닦고 시멘트를 나르고 종탑도 세웠다. 집안 살림과 하나님의 몸 된 교회를 함께 섬기는 우리들의 열정은 대단했다.

뒤에서 함께 도와주던 남편은 지나치다 싶은 내 행동에 교회를 거부하고 비평했다. 잦은 입씨름도 했다. 남편은 잘못된 교회인가 염려로 나의 신앙을 의심하여 대학을 졸업 후 다시 신학 해서 목사님이 된 삼촌을 불러 확인도 했다. 교회 일 아니면 얼굴 붉힐 일 있느냐며 큰소리치던 남편은 급기야 이혼하자며 겁을 주었다. 나의 신앙은 하나님은 한 가정을 무너지게 버리지 않을 거란 확신으로 굽히지 않고 무릎을 꿇으라 하면 꿇고 참아냈다.

몸빼에 운동화를 신고 자전거 페달을 밟으며 현장으로 집으로 교회로 집사님 따라 열심히 뛰었다. 나의 목표는 집이 두 채였다. 한 채는 우리가 살고 한 채는 선교의 목적이었다. 일 년이 멀다 하고 이사를 해도 집은 덩그러니 한 채였다.

아이들은 예쁘게 성장해 갔다. 큰아이 초등학교 입학 후 틈만 나면 학교 담에 붙어 아이 교실만 바라보았다. 눈 한번 흘길 일 없이 곱고 착했던 아이를 학교 보낸 후 내 눈빛이 달라졌다. 내 욕심과 감정에 못 이겨 아이를 잡고 있었다. "넌 공부 잘했어?" 양심의 소리가 반성하게 했다. '건강하게만 자라다오.' 그 뒤 작은아이들에게 성적 때문에 야단친 적 없이 무조건 잘했다. 칭찬하고 기도하고 사랑으로 키웠다. 아이들이 자라는 만큼 내 꿈도 자랐고 주님을 향한 야망도 커갔다.

믿고 따랐던 목사님이 예수님 품으신 사랑을 앞세워 잃은 양 한 마리가 아닌 제왕적 목회로 변해가고 있었다. 복음의 빚진 자로 갈등하고 살점을 떼어내는 아픔을 안고 교회를 지키지 못하고 나왔다. 얼마 뒤 그 집사님 부부도 영적인 갈급함에 비 맞은 병아리처럼 헤매다가 그 교회를 지키지 못했다. 지금은 큰 교회에서 장로님 권사님으로 존경받으며 여전히 열정적인 신앙생활을 하고 있다. 그 열정 가운데는 우리가 주님 손을 잡은 것이 아니라 주님이 지금까지 내 손 잡아 이끄셔 오늘 이 자리에 앉혀 주셨음을 고백한다.

덧없는 사랑

동네 목욕탕 앞 화단은 그곳을 드나드는 사람들의 꽃밭이다. 봄이 부스스 기지개를 켜면 손님들이 옮겨놓은 민들레, 달맞이꽃, 꽃양귀비가 향연을 베푼다. 그중에 몇 년 전 누군가 옮겨놓은 천사의나팔꽃이 있다. 자리를 잡지 못한 모습에 옮겨 심은 사람이나 화단을 사랑하는 사람들은 함께 안타까워하며 지켜보았다.

그해 겨울 혹독한 추위에 동사했나 싶었는데 용하게 버티며 피워내는 잎을 보고 신선한 생명의 신비를 느끼고 꺼질듯 꺼지지 않은 끈질긴 내 삶의 모습을 보는 듯했다. 금년 봄에는 잎이 무성해

화단 반을 차지하고 나팔처럼 길쭉한 꽃망울이 제법 맺어있다. 그 중 나팔을 불며 성급하게 먼저 핀 꽃송이에서 밤이면 더 내뿜는 향기가 새벽을 깨우며 지나는 사람들 발걸음을 멈추게 한다.

그 향기에 취한 난 잘 다듬어놓은 터 위에 덩그러니 홀로 있는 그 사람 생각이 났다. 옆 가지에 나온 작은 것을 꽃삽을 들고 뜨려 하니 깊이 박혀 있다. 조금씩 더 넓게 깊이 파들어가니 옆에서 나온 작은 잎도 단단히 박힌 뿌리의 줄기였다. 이런 작은 식물 하나도 뿌리가 단단해야 풍성한 잎에 호박꽃보다 더 큰 꽃을 피우나 싶었다. 어미 뿌리에 철썩 붙어 자기들의 종족을 이어가는 모습이 옹기종기 모여 사는 인간들의 집성촌을 연상케 했다.

비가 온 뒤 옮겨야 하는데 하면서 땀을 흘리며 깊숙이 박힌 뿌리를 캐어 우선 화분에 옮겨놓았다. 여름날 행여 시들까 봐 잘 자란 돼지감자 잎 사이에 숨겨주었다. 몇 날을 다니며 물을 주었다. 볼 때마다 잎들이 주저앉는다. 지지대를 세워주고 "사랑한다, 힘내고 잘 이겨내다오."라고 속삭여주었다. 비를 맞은 뒤 조금 살아난 것 같다. 자연이 주는 빗물에서 사람이 가꾸는 것보다 힘을 얻는 모습이 신비롭다. "제발 잘 견디어 터를 잡은 그곳에서 친구가 되어 나팔을 불어주렴." 천사의나팔꽃은 독말풀 속 식물이고 꽃말은 덧없는 사랑이란다.

하얀 보에 싸인 그 사람은 비단옷에 꽃신 신고 효자동 벚꽃 길을 지나 한 줌의 재가 되었다. 꿈속에서도 그리워하던 고향, 부모님이 계신 곳, 부모 같은 형님이 계신 곳에 안치하고, 난 구속에서 벗어나 "자유다."라며 선언했다. 산다는 것은 참 묘하고 종잡을 수 없는 일인 것 같다. 그것은 진정한 자유가 아니었다.

아침에 눈을 뜨면 그 사람 방문부터 연다. 정면으로 보이는 사진 속 눈과 마주치면 가슴은 무너질 듯 철렁 내려앉으며 걷잡을 수 없이 밀려오는 휑~ 함으로 생명 없는 허깨비처럼 그냥 서 있다.

그가 늦도록 불을 밝힌 내 방문을 빼꼼히 열고 "어서 자." 하며 전기 스위치를 누르던 때 나는 짜증스러웠다. 시시콜콜 물어오는 대답은 구속이었고 족쇄고 굴레라 여겼다. 그렇게 지겹게만 느껴왔던 일들이 이제는 가슴 시리게 그리움으로 다가온다.

오십 년 동안 물 가르며 역사를 함께 써온 부부라는 질긴 끈은 이렇게 모든 것을 놓치고 잃어버린 뒤 진한 존재의 의미로 뚜렷하게 보이고 있었다. 진정한 자유란 구속의 틈새에서 누릴 수 있는 것이었나 보다. 마음의 구속과 자유는 한 끗 차이도 안 된다는 것도 터득했다.

내 별이 지고 백 일이 지났다. 잊을 수도 지울 수도 없는 그 사람이 존재했던 흔적은 주민증이 내 핸드폰에 간직되어 있고 나는 그 사람 레이더망에 걸려 꼼짝할 수 없는 사람이 되어 있다.

시름시름 시드는 내 육체와 영혼은 사람은 흙에서 와 흙으로 돌아가고 생과 사도 흙임을 깨우치고 있다. 아직 가슴이 놓지 못하는 울게 하고 웃게 했던 슬프고 아픈 추억들은 남은 자의 가슴에 그리움이 되어 화석처럼 빛날 뿐이다.

그가 흙으로 돌아간 자리에 해가 거듭할수록 깊이 뿌리를 내려 무성해지는 천사의나팔꽃을 심으련다. 아무리 사랑이 덧없다 할지라도 사람이 사는 세상에는 힘겨운 만큼 사랑보다 귀한 것은 없으니까.

유년 시절

모든 물자가 귀해 소금도 배급받던 시절 나는 소금집 셋째 딸이었다. 외가에서 보내온 매화꽃으로 수놓은 색동저고리를 입고 때로는 예쁜 원피스를 입고 어른들 앞에서 유치원에서 배운 노래와 율동으로 재롱을 부렸다. 지금 팔십이 넘은 나이에도 요양원에서 진료를 보시는 막내 고모는 나의 재롱을 자랑하듯 친구들 앞에서 재롱을 떨게 했다. 지금 교대 부설초등학교 앞 평화동과 서학동으로 나누어지는 곳에 서학동 파출소가 있었다. 그 큰길 건너편 소금을 전매하던 곳이 우리 집이었다.

뒤쪽으로는 전주천이 흐르고 앞마당에는 분꽃이 피고 담 밑으로 빨강 앵두가 열리고 봉숭아꽃, 나팔꽃, 채송화가 피어 있었다. 저녁이면 스르르 스르르 여치가 울고 반딧불이가 깜박이고, 옆 마당에 트럭이 통나무를 쏟아 놓으면 이웃 아주머니들이 송진 껍질을 벗겨가고 염소가 음매 하고 울던 곳, 뒷마당 양지쪽엔 장독대가 나란히 놓여 있었다. 동네 아이들과 앞채 뒤채 장독대로 숨으며 숨바꼭질하며 놀았고 전주천은 우리 놀이터였다.

따뜻한 봄이면 냇가에서 납작한 돌들을 깔아 방을 만들어 엄마 아빠 동생 하며 소꿉놀이하였다. 가을이면 국화꽃을 따다가 땅에 묻고 그 위에 유리 조각을 올리고 흙으로 덮어 손바닥으로 다독여 흙을 헤치면 유리 속으로 보이는 꽃잎이 예뻤다. 또 죽은 병아리를 땅에 묻고 동생과 울어주었다. 내 유년 시절은 개나리꽃 노란 물감이 뚝뚝 떨어질 것 같은 추억이 묻어난다.

군산에 계시는 할아버지와 할머니가 오시는 날이면 일하는 아저씨는 마루 밑까지 쓸어내는 대청소를 하였다. 할아버지 할머니가 지프차를 타시거나 인력거를 타고 헛기침을 하고 내리시면 모두는 대문까지 나가 맞이하였다. 할머니가 머무시는 동안 어머니는 옷고름으로 눈물을 훔치며 광과 부엌 찬방을 오갔다. 그때 우리 형제는 말을 크게 하거나 뛰어도 안 되고 동네 아이들과 놀이도 할 수 없었다.

엄마 손을 잡고 가슴에 손수건을 달고 사범 부속 국민학교에 입학하였다. 어디서나 귀염받던 나는 일학년 받아쓰기부터 낑낑댔다. 공부에 흥미를 잃은 나의 존재는 희미해갔다. 숙제를 안 해 종아리를 맞으면서 부끄러운 줄 모른 철부지였다. 공부 잘하고 피아노도 잘 치며 그림까지 잘 그리는 친구가 부러웠다. 나도 피아노 치고 싶다니 건반 위 '도레미파 솔라시도'를 알려 주었다. 어머니는 성적이 뒤처진 나를 혼내시고 나는 어머니가 무서워 피하고 자신감을 더 잃어갔다.

엄마는 내가 열이 나고 아파할 땐 이마에 손을 얹어주고 관심을 보였다. 부속 국민학교는 그때도 교복을 입었다. 신학기 교복이 바뀌어 치마 멜빵이 X여야 했다. 난 언니 옷을 물려받아 조끼치마였다. 학교에서는 단속하고 엄마에게는 혼날까 봐 말도 못 하고 가위로 그 옷을 뒤가 X가 되게 잘랐다가 심한 꾸중을 들었다. 그 뒤로 나는 점점 더 위축감이 들어가고 학교가 싫어 잦은 병치레로 아침이면 배 아프고 열이 났다. 어느 때는 꾀병도 부리고 싶었지만, 엄마가 무서워 결석을 안 하고 6학년 졸업 때 개근상을 탔다.

그러던 어느 날 소금을 배급 주던 가게와 창고 쪽이 본채와 울타리를 치고 또 어느 날은 트럭이 들어오던 큰 대문 쪽 마당과 뒤채 옆채가 본채와 분리되어 담을 쌓았다. 우리는 좁은 골목을 따로 내 출입하였다. 그 무렵부터 할아버지 할머니의 방문이 뜸해지고 식객들의 발길도 줄어들었다. 그리고 우리가 살았던 집 뒤채만 한 곳으로 이사를 했다.

이사한 후 전주고 옆에서 서학동에 있는 학교만 오가는 일도 힘에 겨웠다. 동생과 나는 등교나 하교 때 서로 기다렸다. 비둘기처럼 붙어 다녔다. 눈비가 오면 우리는 벌벌 떨며 한 발 뛰고 처마 밑에서 쉬고 한 발 뛰고 처마 밑에서 쉬고를 반복하며 서로 의지하였다. 엄마가 외가에 간 추운 겨울날엔 흰 눈을 흠뻑 맞으며 꽁꽁 언 손을 서로 입김으로 녹여주며 성냥팔이 아이들처럼 집으로 돌아오면서 엄마를 그리워했다.

2부 북극성의 꿈

개미 한 마리

전주천에는 깨끗한 물이 항상 넉넉히 흘러내렸다. 아낙들이 모여앉아 옷가지며 이불 홑청, 아기들 기저귀를 잿물 비누 바르고 넓은 돌판 위에서 주무르면 하얀 거품을 내품었다. 흐르는 물에 짤짤 흔들면 누르스름한 빨래들이 반짝반짝 빛나는 하얀 옷가지로 변하는 빨래터이고 어린아이들은 고무신으로 고기를 잡고 멱을 감는 놀이터였다.

한벽루에서 전주교까지 흐르는 물을 바라보며 저 냇물은 어디로 갈까, 물 위에 종이배를 띄우고 따라가 볼까 했었다. 장마철이 되면 방천까지 넘실대는 물 구경에 사람들이 모여들었다. 깊고 빠른 물살에 '윗마을 누가 떠내려갔다네.' 하면 장마가 그치곤 했다.

까딱까딱 떠내려가는 종이배에 개미 한 마리가 앉아있다. 불안하고 의지할 곳 없는 외로운 섬, 삼 년 후 아들이 군에 다녀온 후 부르시면 따르겠다던 분, 아침에 맑은 햇살을 맞는 평범한 일이 얼마나 감사한 일인지 알고 있느냐 물으시던 그분은 삼 년을 채우지 못하고 부르심을 받았다.

'밀알'은 한 사람이 밥을 먹는 것만으로도 감사해 감동으로 시작한 작은 모임이다. 세상 눈으로는 볼품없는 할머니들로 구성되어 삼십 년이 넘는 세월을 쉼 없이 이어왔다. 월 삼천 원으로 시작해서 지금은 월회비가 일만 원이다. 첫 번째 중학생 장학금으로 연 이 회 팔 년 동안 열 명을 후원했고 의무교육으로 정책이 바뀐 뒤 요양원에 아무도 의지할 이 없는 어르신 일곱 분에게 매월 간식을 팔 년간 제공한 후 나라에서 요양원을 후원하자 모 개척교회를 삼 년 도왔다.

그 뒤 예수병원 호스피스 봉사자로 만난 선교사님, 아이들 셋과 사모님을 앞세우고 비행기표만 손에 들고 선교의 뜨거운 열정으로 필리핀으로 떠난 목사님을 오늘까지 후원하고 있다. 과부의

엽전 두 냥은 선교의 사명으로 떠난 그곳에 교회 터까지 구할 수 있는 기적을 이루었다. 팀을 인도하는 전도사님은 팔십이 넘은 나이에도 쉼 없이 뜨거운 복음 전도 사명 위에 자택에서 손수 점심을 대접한 헌신으로 이루어진 결과다.

너 나 없이 우리는 불안한 가운데 시한부 생을 살아가고 있으면서 아침 햇살에 눈을 뜨는 희열과 감격을 느껴 보았나 묻고 싶다. 밤새워 철야기도 드리고 아침 수돗가에서 치약 들고 옆 사람이 청한 도움을 냉정히 거절한 이기적인 내가 아닌가 반성도 한다. 인생의 긴 방황 끝에 문제를 내 안에서 찾지 못하고 먼 길을 돌고 있지 않은지 뒤돌아본다. 인생의 무상함과 절대권자이신 신의 능력에 겸손히 머리를 숙이고 내 인생의 배낭 가득한 짐들을 하나씩 풀어 흐르는 물 위에 띄우고 있다. 역사를 안고 어느 때는 잔잔히 어느 땐 세차게 물은 흐르고 있다. 까딱까딱 떠내려가는 종이배 위에 개미 한 마리 앉아있다.

눈물의 라면

'첫눈 오는 날, 날 만나려면 모악산으로 오세요.' 하던 때가 있었다. 그날도 모악산은 눈으로 터널을 이루어 눈 내린 겨울 산의 장엄함을 뽐내고 있었다. 우리는 자연이 주는 신비 속에 흠뻑 취해 "토끼야 토끼야 산속에 토끼야 겨울이 되면은 무얼 먹고 사느냐 흰 눈이 내리면 무얼 먹고 사는냐" 동요를 부르며 앞서 걷는 동행에게 나무를 흔들어 눈 세례를 주며 즐거워했다.

천일암 쪽을 향해 돌아서는 모퉁이 길은 내가 좋아하는 길이다. 이쯤에서 배낭에 짊어진 찬밥 한 덩이에 돼지고기 몇 조각 넣은 김치를 보온병에 담아온 뜨거운 물로 버너에 올려 함께 끓인 라면의 맛은 겨울 산행의 또한 진미다. 얼었던 몸을 녹이고 출출한 뱃속을 채우면 아름다운 자연에 취한 즐거움은 배가 된다.

우리만이 누리던 세상에서 "거기 누구 없어요?" 큰 소리로 불렀다. 모퉁이에서 내려오던 아저씨에게 반갑게 "라면 드시고 가세요." 하니 한 젓가락 드시고 한술 더 떠 "한 잔은 없나요? 있으면 딱 좋은데." 하고는 우리가 먹을 것도 없이 다 먹어버렸다. 돌아선 그 아저씨 뒤에서 우리 것은 없다며 즐거워하며 투덜대던 기억이 새롭다. 너 나 없이 산행 인심은 후하다. 지금도 그날 그 라면 맛은 잊을 수가 없다.

팔십 세월을 살아온 남편이 링거를 꽂고 이승의 모든 탐욕과 미련을 버리려 실낱같은 끈에 매달려 끊임없이 토해내고 있었다. 어찌할 수 없는 고통 가운데 함께 지켜보며 뜬눈으로 밤을 새운 새벽, 그 사람이 사르르 잠이 든 모습에 한숨을 돌리며 주체할 수 없이 몰려오는 허함 속에서 눈물 섞인 라면을 삼키는 자신이 야속했다.

사람이란 이런 것인가? 축복 속에서 태어난 한 생명을 눈물로 떠나보내는 과정은 살아온 삶만큼 고통스러움이 반복되는 것이었다. 잠시 순간으로 스치는 기쁨과 행복감으로 한평생 무게를 감당해야 하는 삶을 어떻게 살았나? 어떤 사람인가를 묻는다. 그 사람과의 삶은 아픔만큼 기쁨이 있었고 서러운 만큼 큰 꿈이 있었다. 필름처럼 돌아가는 추억을 라면 국물과 함께 마신다.

밤새 가슴을 움켜잡고 함께 나눈 아픔을 뒤로하고 뜨거운 눈물의 라면을 신기하게도 잘도 넘기고 있다. 막혔던 속까지 뚫리는 것 같은 시원함도 느낀다. 그 사람이 느끼는 절망이 나의 절망이 되어 심장에 품으며 아픔을 통해 배우고 성숙해 가리라.

그 사람을 본향으로 보낸 뒤 세상은 온통 〈미스터 트롯〉 이야기로 꽃을 피운다. 경연에 임했던 노랫말들이 그 사람 이야기가 되고 내 마음이 되어 지칠 줄 모르고 반복해서 듣고 보면서 울고 웃으며 늦은 시간 쓸쓸함을 달래려 라면을 챙긴다.

끓고 있는 냄비 위에 초연히 떠나던 그 사람이 보인다. 이제 독립된 내가 새로운 나로 깨어나 그 뜨거운 눈물의 라면 맛을 그린다.

빈자리

가정을 위해 희생이라 여겼던 것은 나의 교만이었다. 날지 못하는 날개로 날갯짓을 흉내 내며 나는 없고 남편과 아이들을 위해 살았다고 여겼다. 남편 등 뒤에서 그림자처럼 살면서 욕망을 끌어안고 먼 곳을 바라보며 내가 가진 꿈을 이루지 못한 것을 모두 남편 탓이라 여겼다. 그러나 모든 것은 존재감 없이 빌붙어 살아온 내 모습이고 초라한 변명일 것이다.

많은 세월이 흘러가고 삶의 굴곡과 희락은 오로지 내가 책임져야 할 나의 몫이라 여겼을 때 오십 년을 함께 살아온 나의 분신을 자연으로 돌려보냈다. 눈을 곱지 않게 뜨고 미워하면서도 가슴으론 이해되어 측은했던 사람을 놓쳐버린 후 시간이 갈수록 빈자리는 크고 넓어졌다. 삶의 지지대가 완전히 꺾이니 내가 설 자리는 아무 곳에도 없었다. 내가 인내하고 참아내는 일도 희생이 아닌 그 사람이 있어 얻는 행복이었다.

사람이 살아가는 힘은 함께 사는 사람에게서 얻는다는 것을 나는 왜 알지 못했을까. 아웅다웅하면서 이해해주고 인정하면 서로가 소중한 사람이라는 것을 깨닫게 되고 더욱 귀한 존재가 된다는 것을 놓쳐버린 후 깨달았다. 함께 살아가면서 지겨웠던 일들이 그리움으로 다가온다. 가슴에서 놓지 못하는 질긴 인연의 끈은 형형색색 빛으로 조명을 받아 아롱거린다. 지금 나는 눈으로 우는 것이 아니라 가슴으로 운다.

천둥 치고 비 오는 날, 귀에 익은 소리에 깜짝 놀라 행여나 혹시 하면서 벌떡 일어나 그렇게 던져 버리고 싶었던 핸드폰을 만지작거리며 열었다 닫기를 반복한다.

어딜 가나 수시로 울리던 핸드폰 소리. 시시콜콜 물어오는 남편의 관심은 구속이고 족쇄라 여겼다. 무음으로 돌리고 가방 깊숙한 곳에 두어도 반복되는 울림에 "다 왔어요, 지금 들어가요." 하면서 던지고 싶었던 핸드폰을 이젠 그리운 마음으로 만져 본다. 텅 빈 자리가 오히려 불안해 창문을 닫는다.

창 너머로 꽃비는 내리는데 쓸쓸함이 온몸을 적신다. 죽은 듯 맨몸으로 한겨울 동파를 이겨내던 벚나무는 2월이 되면서 번들거리기 시작한다. 나뭇가지마다 꽃눈을 틔우고 물을 올려주는 펌프질로 몸통이 갈라지는 아픔을 앓고 있다. 살아있음을 과시하며 생명의 신비를 느끼게 한다. 사물이 생동하는 봄이다. 죽은 듯싶었던 나무는 보란 듯이 화창하고 평화로운 꽃을 피워내는데 자연으로 돌아간 그 사람은 사계절이 두 번의 봄을 보내는 봄이 찾아와도 핸드폰은 울리지 않는다. 나도 모르게 한숨을 길게 쉰다. 어디서나 생각나는 그의 빈자리가 연결되어 가슴이 시리다.

남편의 그림자였던 내 무대는 이미 막을 내렸다. 이제는 내 삶의 주인공은 나다. 난 지금 갈수록 어려워지는 글쓰기를 배우며 나를 찾아가고 있다. 그의 빈자리를 글로 채우련다. 그리고 그의 그림자에서 자유로워져 내가 꿈꾸어 왔던 그 옛날의 나를 찾아갈 것이다.

북극성의 꿈

고도원의 아침편지에 "링컨학교 백두산 동주 캠프를 엽니다."라고 떴다.

"세계로 나가야 할 우리의 청소년들이 미국과 일본은 기본이고 반드시 알아야 하고 중국을 알되 자신의 정체성을 가지고 알아야 진정한 무기가 될 수 있습니다." 뿌리를 찾는 것이 정체성을 알아가는 첫걸음으로, 잃어버린 우리의 뿌리를 찾고 마음속 깊숙이 그 뿌리를 내리는 것으로 백두산, 영혼에서 나오는 민족혼을 드러내는 시인 윤동주 생가, 북한을 볼 수 있는 두만강, 만리장성, 북경, 심양, 조선족 꿈을 볼 수 있는 연길 용정 마을, 일송정, 역사와 시대적으로 알아야 할 중국을 견문하는 코스였다.

여름방학 동안 청소년들에게 전하는 선물같이 느껴졌다. 조금도 망설임 없이 손자 종훈에게 선물하고 싶어 전화 버튼을 눌렀다. 컴퓨터로만 접수가 가능하다기에 능숙하지 못한 컴퓨터 앞에 앉아 전화기를 들고 직원의 친절한 안내에 따라 겨우 접수를 마쳤다. 마치 내가 여행할 것처럼 가슴이 설렜다.

며칠 후 백두산 동주 캠프의 의미에 감동 받은 독지가가 특별한 뜻을 담는 캠프에 청소년들을 향한 큰 사랑과 큰 뜻 큰 나눔의 의미를 담고 장학금을 익명으로 보내왔단다. 과거 그곳에서 진행한 링컨학교와 독서캠프 참가자에게는 우선 선착순으로 감면을 해준다는 내용이다. 종훈이도 일찍이 다녀왔기에 대상자가 되었다. 행여 이 기회를 놓칠세라 컴퓨터 앞에서 전화기를 들고 더듬거리며 직원의 안내를 받으며 선착 순위 접수를 마쳤다.

휴~ 조금은 부담스러운 가격에 백만 원이나 혜택을 받다니 복권이라도 된 것처럼 기뻤다. 참 고마운 사람도 있구나 하며 누구에게 선뜻 말할 수도 없고 혼자서 종일 신이 났다. 저녁이 되었다. 그 흥분에서 돌아온 난 나 자신에 환멸 비슷한 것을 느끼고 못나고 부끄러운 내 모습을 보게 되었다.

한 사람의 이 땅 청소년들을 향한 꿈과 비전으로 그 특별한 뜻에 감동되어 거액을 기부하여 오십 명 학생에게 혜택을 주어 기쁨을 주는 분도 있는데 이 땅에 함께 살아가는 사람으로 얻은 혜택으로 마냥 기뻐만 한 내 모습이 심히 부끄러웠다. 마음속으로 그분을 위해 감사함으로 기도하고 장래 이분처럼 여러 사람에게 기쁨을 주는 사람으로 성장하길 손자를 위해 기도했다.

주말이 되어 할머니 집을 찾은 손자에게 넌 복 받은 자라 축복해주고 많은 돈을 벌고 훌륭한 인물보다 이런 독지가처럼 누군가에게 힘을 실어주고 나눔을 실천하는 사람이 되라 권하고 할머니의 부끄러웠던 마음도 전했다.

나는 종훈이가 이런 기회를 통해서 자신의 역사를 만들어가고 북극성의 꿈을 품기를 기대한다. 어린이집에 다니면서 우리 신체를 배우고 장차 의사가 되겠다 말했고, 초등학교 다니면서는 과학자, 또 얼마가 지난 후는 축구 선수가 되고 정치가가 되겠다 말했었다. 꿈이 바뀔 때마다 성장해가는 손자가 사랑스러워 그래라 하면서 함께 기뻐했던 기억이 새롭다.

지금은 꿈이 무어냐 물으면 "모르겠어요." 한다. 어멈과 아범은 서운하리만큼 신경 쓰지 않아도 회장, 실장을 하면서 어깨를 으쓱하게 해주고 학년이 바뀌는 선생님에게 칭찬 듣는 기쁨을 주는 아이다.

나는 아범 초등학교를 보내고 3학년까지 날마다 학교 담벼락을 서성거렸고 내 욕심에 미치지 못해 종아리에 파랗게 줄을 그어 놓고 잠든 아이 종아리에 약을 발라주었다. 다행히 주님 주신 지혜로 내 욕심을 깨닫고 건강하고 성실하게만 자라다오 하면서 내려놓았다. 성실한 것으로는 미국 하버드 대학을 가고도 남을 거라는 친정아버지 위로 말이 생각난다.

나는 내 아들 키울 때 듣지 못한 말들을 손자를 통해 듣게 되고 그때의 내 소망을 손자를 통해 듣는다며 혼자서 좋아하는 팔푼이 할머니가 되어 있다. 북극성의 꿈을 심고 돌아오길 기도한다.

칠월의 울창한 녹음은 달리는 고속도로를 덮을 것 같다. 넓은 들판에서 땅 맛을 본 한 살배기 모들이 땡볕에서 파릇파릇 춤을 추며 결실을 준비한다. 마치 자라나는 손자 모습 같다.

신바람

"호랑이 아귀 박 같은 속에서 살았다. 너만 바라보고 챙겨주는 사람과 행복하게 살아라."는 엄마의 덕담이었다. 전세 오만 원 양옥집 부엌 딸린 머리방에서 호마이카 장롱, 서랍 달린 화장대와 책상, 큰동서님이 챙겨주신 밥상 하나 쌀 한 가마로 신혼살림을 시작했다.

결혼을 하면 모든 굴레에서 벗어나 자유라 생각했다. 언니보다 부모님을 잘 섬기는 효녀가 되고 싶었다. 인정받았던 언니는 명문가로 시집간 후 친정 나들이는 연중행사였다. 내가 결혼한 날도 언니는 참석하지 못했다. 그러면서 큰 말이 나가고 작은 말이 중심이 되어 가고 있었다. 결혼 전 서학동 파출소에서 근무하면서 아버지 인품을 듣게 된 남편은 평생 불러보지 못한 아버지를 부를 수 있어 아주 좋다며 아들처럼 엄마를 도와주었다.

일흔이 넘으신 할머니는 농사를 짓고 계시다가 아버지가 퇴직하자 전주 집으로 함께 오셨다. 친정은 항상 군식구가 떠나지 않았다. 해진 옷도 손으로 쓰다듬으면 비단옷처럼 만들어놓은 솜씨 좋은 일갓집 할머니, 고모, 나는 생태를 사들고 친정집에 들러 퇴근해 온 남편과 저녁을 먹고 집으로 돌아왔다. 엄마는 새로운 시집살이가 시작되었지만 불평은 없으셨다.

첫아이를 임신하여 날이 갈수록 배가 불러올 때 남편이 진안으로 발령을 받았다. 배부른 각시가 염려되었던지 틈만 나면 다녀갔다. 산통으로 세상이 노랗게 변한 날도 남편은 찾아왔다. 경험 많은 일갓집 할머니, 큰시누이님도 오셨다. 참을 수 없는 산통에 나는 죽는구나 하고 첫아이를 낳았는데 순산이란다. 남편은 아들이라고 좋아했다. 나를 위해 정성으로 조리해 주는 엄마의 따뜻한 사랑을 받고 일곱이레가 지난 뒤 집으로 왔다. 아기가 백일이 되었을 때 아기의 건강을 빌고 축복해 주신 시누이님과 주인집 할머니와 이웃집 아주머니를 불러 밥 대접도 했다. 남편은 다시 전주로 발령을 받았다. 나는 엄마를 의지하고 엄마는 나에게 힘을 얻은 딸로 순탄한 삶을 살았다. 쌍둥이처럼 붙어 다니던 동생도 결혼했다.

우리는 신혼여행도 부산으로 간다고 하고 정읍 내장사에서 보내고 모은 돈을 집안 할머니 딸이 가발공장을 운영하는 데 빌려주었다. 이자를 준다더니 한두 달 챙겨주고 이자도 원금도 주지 않았다. 부른 배를 안고 찾아가면 고모는 눈가에 멍이 들어있고 얼굴도 들지 못해 그냥 돌아오고 했다. 결국 고모는 세상을 떠나고 그 아까운 돈을 함께 날려버렸다.

남편은 그 문제에 아무런 추궁도 하지 않았다. 미안한 마음에 더 절약하며 살았다. 큰형님의 아들 수업료는 당연한 것으로 여기며 우리의 몫이었다. 큰집에서 양 명절이나 제사 때는 손님 대접을 받았다. 모아 놓은 계란, 참기름 등을 가득 챙겨주는 형님의 따뜻한 마음에 고마움을 안고 돌아오면서 남편이 더 사랑스러웠다.

우리의 신혼 초는 이렇듯 순탄하게 살면서 두 번째 아이를 가졌다. 조카딸이 딸이라 중학교 진학을 포기한다기에 솔선해서 보내주었다. 조카딸은 졸업 후 서울에서 공장을 다니며 고등학교를 졸업했다. 지금도 남편에게 고마워하고 어려워한다.

그때는 일 년에 한 번씩 전세금을 올려주어야 했다. 다시 계약할 때 시내에서 떨어진 곳으로 전세를 얻어 머리방을 세주고 이사를 했다. 음식에 마늘 한 쪽도 넣지 못하고 반쪽을 챙겼다. 친정을 갈 때 아니면 고기 한 근 끊지 못했다. 남편은 흠잡을 곳 없이 성실하고 검소했다. 둘째를 낳고 첫돌이 지난 뒤 집을 지어 첫 대문에 문패를 달 대지를 구입하였다. 둘째를 업고 큰아이는 걸리며 "아가들아, 이곳에 우리들의 집을 지을 거다. 여기쯤 너희들 방도 만들어 줄게." 하며 땅을 밟았다. 빨간 벽돌에 방 세 칸 집을 지었다. 첫 보금자리에 남편 이름으로 문패도 달았다. 대견하고 신바람이 났다.

연민의 정

오월은 계절의 여왕답게 현관문만 나서도 꽃들이 지천에 휘늘어져 있다. 연녹색 푸르른 잎새들은 한낮의 햇빛을 받아 물결처럼 반짝이고 다가산 천변 쪽을 지나치면 휘늘어진 아까시 꽃잎이 눈송이처럼 부서져 바람결에 흩어지는 향기 위로 까맣게 잊었던 옛 추억들에 취하게 한다.

오월이면 다가산 모퉁이를 돌아서 오는 아까시 향기를 입이 마르게 자랑하고 한 발만 더 걸어 나가면 들녘에 누렇게 익은 보리밭을 자랑했던 옛 친구, 학교 교정에 세워진 성모상 뒤로 빨갛게 핀 장미 향기를 맡으며 ≪랜의 애가≫를 읽던 소녀는 엄마가 되었다. 지천에 핀 철쭉꽃 향내를 맡으며 가누지 못한 몸을 이끌고 "이 좋은 세상을 이 좋은 세상을" 하며 맑은 하늘을 우러르며 눈에 밟히는 어린 삼 남매를 두고 서른두 살 꽃다운 나이에 이 세상과 이별을 했다. 이렇게 철쭉꽃이 휘늘어지고 아까시 꽃잎이 눈송이처럼 부서져 내리면 바람결에 두고 간 아이들이 아주 훌륭히 제 갈 길을 간다는 소문에 그 뒤 한 번도 찾아보지 못했던 미안함이 한결 가벼워지는 내 이기심을 엿본다.

형제도 부모도 없이 사촌 언니 집에서 기거하며 야학에서 공부하는 친구가 있었다. 사춘기 아픔을 토하고 위로받고 위로했던 친구였다. 내가 직장 일로 집을 떠날 때 그 친구는 언니 집을 나와 서울로 갔다. 얼마 지난 뒤 나를 찾아왔다. 반가움에 그 형편을 알고 있는 나는 함께 살자 했고 갈 곳이 없는 친구는 출근하는 내 옷 다림질을 해주고 퇴근하면 밥상을 차려주고 영화도 함께 보며 정겨운 관계가 되었다.

사람 마음은 참 간사했다 서너 달이 지난 뒤 난 함께 즐겼던 친구가 부담으로 느껴졌다. 눈치를 챈 친구는 갈 곳도 없이 내 곁을 떠날 때 난 빈손으로 보내고 말았다. 그 뒤 소식은 없고 내 마음이 편하지 못해 수소문해 봐도 알 수가 없이 소식이 끊기고 말았다. 난 지금도 어디서 잘살고 있는지 궁금하면서 그때 원망했을 소리가 들리는 듯하다.

내 인생에서 풀어야 할 관계의 또 한 사람, 나를 언니처럼 의지하고 나 또한 동생처럼 여겼던 아이가 있었다. 내 나이 이십 초반 직장 따라간 객지에서 만난 영희는 내가 자취하고 있는 옆집에 살고 있었다. 저녁이면 그 집에서 삶아놓은 고구마를 먹으며 머리가 하얀 영희 엄마는 하나뿐인 딸 장래를 염려했고 난 동생처럼 여기리라 다짐도 했었다. 세월은 무심하게 내가 본가로 돌아오면서 결혼을 하고 첫아이를 낳을 때도 누구보다 기뻐했던 아이, 난 그런 아이를 세월에 묻혀 잊고 있었다. 지금은 함께 늙어가고 있을 영희는 더 늦기 전에 만나 안아주고 싶은 사람이다. 하루는 그곳 경찰서를 찾았다. 이산가족을 찾듯 사정을 하고 돌아왔다.

생각만 해도 가슴 따뜻해지는 사람을 생각하면 깊숙이 숨어있던 그 친구와 영희가 떠오른다. 세월이 흐르고 난 어엿한 사회인이 되었다. 나는 누군가에게 어떤 친구가 되어주고 있는가를 생각해 본다.

나에게는 함께 거닐다가도 시내 버스표를 선뜻 내며 버스가 사라지는 뒷모습을 보며 한참을 서 있던 연인 같은 사람, 아이들 소풍 가기 전날 몇 천 원을 손에 쥐여 주던 언니 같던 사람, 몸살을 앓고 입맛을 잃었을 때 따뜻한 국밥 한 그릇 권하며 입맛을 돋우어주던 엄마 같던 사람, 수평선 저 너머 시리고 아렸던 첫사랑 이야기에 눈물 젖으며 속내를 보였던 사람이 있었다. 나이가 들면서 내 중심은 이기심으로 변해 가는 걸까? 생각만 해도 따뜻했던 내 감정엔 찬 바람으로 아려온다.

무심코 내뱉은 말에 상처를 받고 중요한 것은 본인은 그 사실조차 모르고 오히려 상처를 받았다는 관계와 관계 속에서 시리고 아린 만큼 내칠 수도 없는 얄궂은 연민의 정, 인생의 하반기를 넘어 가속도로 달려가 추스르고 다독이고 화해하며 가꾸어 가기도 부족한 지금 시리고 아픈 마음을 안고 있다.

몇 십 년을 궂은일 좋은 일 주고받았던 마음을 등 뒤에서 꽂는 비수로 갈무리되지 않고 끓어오르는 뜨거운 피를 곰삭여줄 이성과 감성을 어떻게 도닥여 줄 수 있을지, 점점 더 멀어지고 싶은 자신에게 '그대가 나에게 무엇을 해 주었나보다 내가 그대에게 무엇을 해 주어야 할까.'를 고민해본다.

함께 있어야 할 옆자리 늘 함께 동승 할 옆자리, 허전하고 시리기만 한 내 오른쪽, 거실 저 한쪽에서 제 할 일을 충실히 이행하는 이십여 년이 된 선풍기는 지금도 흩트림 없이 고개를 왔다 갔다 하며 바람을 솔솔 내고 더위를 식히며 주위 사람을 시원하게 한다. 변덕 한 번 부리지 않고 제철이 되면 한쪽에서 먼지를 뒤집어쓰며 열심히 제 할 일을 다하는 선풍기처럼 나는 어떻게 하는 것이 내 자리에서 내 삶을 충실히 이행하는 사람이 될까 싶다.

가속도로 달려가는 인생 끝 길에서 내 좋은 친구들과 먼저 손 내밀며 있는 그대로 받아들이고 인정하면서 그렇게 살고 싶다. 그 뒤로 너치고 싶어도 내칠 수 없는 연민의 정이 가슴 시리게 그리워진다.

존재 의미

눈보라를 뚫고 나섰다. 찬바람이 쌩쌩 불고 주먹만 한 눈발이 휘날리는 날이다. '아~ 이런 날에는 우아하게 택시를 타?' 얼어있는 눈길 위를 조심스레 밟으며 혼자서 되뇌며 버스 정류장에 도착했다. 수요일 글공부하는 날이다. 집으로 발길을 돌리고 싶었지만 버스에 오른 내가 대견스럽다. 지금 나는 무엇을 위한 것일까 생각해 봤다.

천변을 가르는 창밖의 앙상한 가로수 가지가 눈보라를 맞으며 떨고 있다. 아니 보란 듯이 흰 옷을 뒤집어쓰고 꿋꿋이 서 있다. 내면에는 물이 오르며 봄 채비로 활기차게 움직이는 모습이 보이는 것 같았다. 복숭아 밭 마른 가지 끝은 붉은빛을 띠고 목련에 맺혀있는 꽃망울은 싱그러운 생명감을 뿜어내고 있다. 그것은 생명의 신비이고 희망이고 꿈이었다.

칠십 중반을 넘어선 할머니 가슴에도 글을 쓰고 싶은 열정이 꿈틀대고 있다. 부족함으로 가득한 내가 이 나이에 우세 살 일 있나 싶은 갈등은 항상 주눅 들게 하지만 수업을 마치고 '돌아갔으면, 놓쳤으면 내가 손해 볼 뻔했지.'라고 덧붙이는 수업이었다.

글 한 편 속에는 그 사람이 살아온 삶이 묻어있는 것으로 삶은 기록될 가치가 있고 그 삶을 꽃피우는 일이 된다니 못난 자존감이 존재감으로 가슴 뛰는 순간이었다.

날지 못하는 날개로 날갯짓하며 살아온 젊은 날, 아이들을 위해 살았다 여겼다. 나는 없고 내 가정을 위해서 당연하다 여겼다. 어쩌면 내가 살기 위해 아이들이 생명처럼 소중했고 그 사람은 내 자존심이라 여겼는지도 모르겠다. 내 욕망을 끌어안고 늘 내 길이 아닌 먼 곳을 바라보고 황새가 되어 욕구를 채우지 못한 것은 그 사람 탓이라 여기며 내 못남을 드러내는 때가 참 많았다. 그뿐인가 때로는 먼지처럼 사라지고 싶은 때도 있었다. 그 사람 뒤에서 그림자처럼 살면서 내 스스로 살아간다는 것은 생각지도 못한 일이었다. 철이 들고 지난 모든 희락은 내 삶을 살아가고 있었음을 깨달았을 때 내 자아를 확인하고 내 길을 걸어가며 존재 의미를 생각해 봤다. 지금 생각해 보면 그 모든 것은 존재감 없는 내가 살기 위한 몸부림이고 교만이었는지도 모른다.

글 공부를 하면서 존재 없던 내가 꽃다발을 받고 가슴 뛰는 기쁨과 행복을 느낄 수 있었다. 누군가에게 인정을 받으며 필요한 사람이 되는 것은 삶의 큰 에너지가 되며 나의 존재감이 확인되는 일이구나 싶다. 그러나 그 자리는 항상 희생과 인내가 따르고 있었고 존재 의미는 잠깐 빈 시간의 소란도 짜증스러움보다 행복감을 느끼게 했다.

지금 나에게 있어 나를 찾아가는 길은 글을 쓰는 일이다. 한 편의 글이 내 삶을 꽃피우는 일이라니 내 남은 삶은 꽃을 피우고 싶다. 내 가슴에 쌓인 응어리를 풀어내는 글을 쓸 것이다. 내가 나를 찾아가는 나다운 글을 쓸 것이다. 아름다운 자연의 신비도, 자식들을 향한 내 마음, 손주들 장래를 신께 맡기고 기도하는 마음도 글로 표현해야겠다. 이런저런 생각은 마음뿐 아직은 깊이 들어가지 못하고 겉돌고만 있다.

흰 옷으로 뒤집어쓰고 내면 깊이에서 봄을 준비하는 가로수처럼 이 봄 내 마음의 숙제를 풀어갈 것이다. 조금 늦은들 어쩌랴. 그래도 글 한 편을 쓰기 위해 머리를 싸매고 날을 밝히는 내가 참 좋다.

인생에서 어느 때가 좋은가

인생에서 어느 시기가 가장 좋으냐 물어오면 어린 시절, 청춘 시절, 장년 시절이라 말하지 않으련다. 그 시절 나는 자유롭고 행복하지 못했다. 어린 시절은 사납고 무서운 엄마 밑에서 응석 부리지 못하고 살았다. 방황하던 청춘 시절에는 꿈을 펼치기 전 모래 위에 쓴 이름을 파도에 쓸려 보내고 가시로 남겨놓았다. 장년 시절은 눈을 번뜩이며 책임과 욕망을 좇아 있지 않은 것을 잡으려다 있는 것까지 놓치면서 밀치고 밀리며 떠밀려 노년이 되었다.

결혼 50년 후 남편 주름살 하나하나엔 폭풍 치던 젊은 날의 열정, 책임과 의무를 지고 살아온 흔적이 새겨져 있다. 노년이 된 지금은 책임과 의무에서 벗어나 욕심까지도 잠재우고 나를 찾는 여유로움에 마음껏 자유를 누린다.

나에게는 신앙적으로나 삶에서 지혜를 본받고 싶은 전도사님이 계신다. 세 살에 기저귀 차고 엄마 아빠 따라가 미국에 사는 손자를 몹시 안타까워했다. 그 손자가 성장하여 지금은 미국에서 의대생이 되어 입학하기 전 할머니 댁을 방문한다며 손자들과 추억 여행을 권해왔다.

나는 어려서 함께 살았던 정 때문인지 어느 손자보다 듬직하고 사랑스러운 손자가 있다. 학원과 집을 오가는 고등학교 일학년인 그 손자가 여름방학과 동시에 두 할머니는 먼 훗날 그들에게 큰 의미를 부여하는 여행이 되길 기대하며 설렘으로 제주도 이박삼일 여행길에 나섰다. 신앙 안에서 기도 모임과 봉사를 함께하는 부부가 고맙게 우릴 도와 동행하여 주었다.

태풍이 지난 뒤 청정하고 맑은 공기에 눈이 부시게 푸르른 초원, 아침이면 멀리 숲속에서 짹짹, 뻐~뻐꾹 뻐꾹, 까~악 까르르, 맑은 하늘을 노래하는 가락과 화음은 보물의 섬인 제주도임을 자랑하고 있었다. 바라만 보아도 그냥 좋은 손자들과 우리도 새들처럼 짹짹, 까르르, 여유로움을 만끽했다.

태풍으로 많은 비가 온 뒤 말라 있던 한라산 산정호수가 데크까지 물이 넘쳐 바지를 걷어 올리고 발을 적시며 건넜고, 우도를 찾아 해변을 돌면서 모세의 기적으로 제주도 대문 정낭을 넣어 비양도 등대까지 걸으며 자연의 신비를 즐겼다.

광치기해변에서 바라본 해무로 쌓인 성산 일출봉은 우리에게 주신 주님의 선물이었다. 손자들에게 하늘의 별이라도 따다가 먹이고 싶은 할머니들의 맛집 투어, 손자들을 위한 여행이 할머니들에게는 더없는 행복한 여행이 되었다. 짧다면 짧고 길다면 긴 2박 3일 만남의 인연이 사랑과 꿈, 희망을 품은 아름다운 추억으로 기억되길 바란다. 돌아오는 길 한라산 자락의 사려니숲길을 거니는 손자들의 뒷모습을 보면서 무언지 모르는 감격으로 성장하여 사려니숲만큼 많은 사람에게 쉼터가 되는 사람으로 성장하길 기도했다.

헤어지면서 손자들은 서로 부둥켜안고 인사를 나누는 모습에서 가슴까지 따뜻해지며 눈시울이 적셔졌다. 미국 형, 친구들과 맛있는 것 먹으라며 건네주는 신사임당을 사양하며 악수하는 손자들 모습은 철없이 떠들던 할머니를 부끄럽게 했다. 먼 훗날 어디에서 어떤 인연이 되어 다시 만날지 모르나 서로가 아름다운 추억으로 기억되리라.

지금 누가 나에게 인생에서 어느 때가 좋은가 물어오면 지금이 가장 행복하다고 말하련다. 먼지처럼 날리고픈 바보 같을 때가 있었다. 변한 것 없는데 노년이 되고 보니 이렇게 살아 있는 순간이 선물로 받아들여진다.

비록 부족하고 삶에 짓누르는 일이 있다 해도 사랑의 눈으로 바라보는 꿈나무들과 함께하는 이웃이 있어 지금 노년이 행복하다.

보상과 보너스

칠십이 넘어 교육원 급우들과 일본 온천여행을 했다. 해외여행이 처음이라는 말에 외계인 보듯이 하는 사람들 앞에서 잘못한 것도 아닌데 부끄러웠던 마음이 잊히지 않는다.

두 번째 해외여행은 장가계로 갔다. 교회 권사님들과 잊을 수 없는 여행이었다. 장가계 자연의 경이로움보다 저녁 숙소에 들어와 받은 마사지가 더 좋았다. 등부터 팔, 다리, 온몸을 처음으로 받아본 마사지, 뚜렷하지 않은 발음으로 땀을 뻘뻘 흘리며 "시원해요?" 묻는 그에게 고개만 끄덕일 뿐 그날 비봉호에서 듣던 피맺힌 소수민족의 사랑가 가락이 애잔함으로 겹쳐졌다.

나는 대한민국 국민인 자부심과 안위감으로 조금 전까지 발을 끌 수 없던 피곤함이 확 녹아내렸다. 내 몸은 마치 70평생 살아온 내 삶을 보상받는 것 같았다.

저 멀리 작은 섬을 중심에 두고 섬광처럼 뻗어 은가루를 뿌려 놓은 듯한 뭉게구름이 쪽빛 하늘에 수를 놓고 있다. 어린 손자 손녀가 던져 주는 새우깡을 따라 비둘기들은 군무를 이루고 아이들은 그 비둘기들을 쫓으며 즐거워한다. 맑고 고운 하늘과 저 멀리 푸른 수평선 하얀 모래사장을 밟으며 뛰노는 아이들의 함성은 마치 오페라 화음을 감상하는 듯 여유로움을 준다.

따끈한 욕조에 몸을 담그고 지그시 눈을 감는다. 은가루를 뿌려 놓은 쪽빛 하늘과 푸른 수평선을 배경 삼아 우리 가족이 찍은 사진은 인내하며 살아온 내 삶에 선물이요 보너스가 되었다. 샤워기에서 흐르는 물 탓인지 눈가가 촉촉해진다. 필름처럼 스쳐가는 지난 세월 난 내가 이 나이에 이렇듯 손자들 재롱을 보며 살아 있으리라는 생각을 못 했다.

양가 부모, 시누이 시동생 건사할 일 없었고 남편 직장 없어 허덕이지 않았으나 항상 채워지지 않은 나의 탐욕에 갈등하고 이

중적인 이기심에 감사보다 불평을 앞세웠다. 스스로 목표를 세우고 좇고 좇으며 좌절을 맛보면서 무릎을 꿇고 살아야 할 이유가 되는 아이들을 바라보며 용기와 힘을 얻었다.

아이들이 결혼하고 남편이 퇴직하면 내 인생은 끝나는 줄 알았다. 꽃은 피고 지고 눈이 내리고 해가 거듭 바뀌고 자식들은 결혼해 손자가 대학을 가고 중고등, 유치원생이 되었다. 그런데도 아직 난 이렇게 내 삶의 보상과 보너스까지 덤으로 받으며 꿈을 꾸며 누리고 있다.

나이가 든다는 것은 젊어 한때 질풍노도 같던 바람도 잠재워지나 보다. 같은 조건 같은 환경이건만 생활의 무게에서 벗어나 나를 찾는 여유로움으로 보이지 않던 담 밑에 작은 풀꽃들 노란 민들레도 눈에 들어온다.

어쩜 나를 닮은 것 같다. 모든 사물이 아름답게 보인다. "지금까지 지내온 것 주에 크신 은혜라…" 찬양으로 주님께 영광을 돌리면서 하늘을 보며 덤으로 받은 남은 내 삶, 주님을 향한 꿈과 비전도 그려본다.

두 그림자

첫 발령을 받은 나는 순창에서 동료와 자취를 하였다. 자취하는 동료가 사귀고 있는 사람과 동기생인 그이는 그들이 데이트를 즐기면 함께 따라왔다.

나는 순창에서 일 년 반을 보내고 전주와 조금 더 가까운 김제로 발령을 받았다. 그때 그이는 나를 전송한다면서 따라나섰다. 버스 안에서 가만히 손목을 잡았다. 몇 개월 후 그이도 김제로 발령을 받아왔다. 동기생 친구는 장남이라는 책임이 무거워 연인과 헤어졌다. 그녀가 그리우면 우리를 불렀다. 우리는 무언으로 마음을 읽어주며 영화도 보고 밥도 먹으며 잦은 만남을 가졌다. 순창에 있을 때 정겨웠던 사람들이다.

추운 겨울날 우리는 그이 하숙방에 들렀다. 작은 책상에 가지런히 쌓여있는 책 몇 권과 종이로 꼬아놓은 노끈이 정결하게 놓여 있었다. '어느 여자와 만날지 그 사람 고생은 안 하겠구나.' 싶을 뿐 다가오는 그 사람을 선뜻 받아주지도 다가서지도 못했다. '사랑은 한 번으로 족하다. 내 일생에 다른 사랑은 없으리라.' 하는 나를 감싸주며 따뜻하게 건네는 말에도 묵묵부답일 뿐 마음속은 이래도 되나 하면서 두 그림자가 어른거렸다. 해 질 무렵 김제 들판에서 바라보는 석양은 눈이 부시게 아름다웠다. 이 아름다운 세상에 '괜찮아. 다시 시작하는 거야. 그래도 돼.' 내 눈에는 눈물이 주르륵 흘러내렸다.

아들 세 명 중 막내인 그이 어머니는 처녀 공출을 피하려 열네 살에 시집을 왔으나 아버지는 작은부인을 두어 일평생 희생양으로 살았다 했다. 그이 세 살에 아버지는 돌아가시고 어머니는 혼자서 아들 셋을 키우셨단다. 형들이 너는 농사꾼 하지 말고 도시로 나가 살라며 전주로 유학을 보내주어 학업을 마치고 자진해 군을 마친 후 경찰이 되었다고 했다.

갑작스럽게 어머니가 돌아가셔 상을 마치고 온 그이는 '지금까지 큰형님과 함께 살던 집이 형 집으로 느껴져 고아가 된 것처럼 슬펐다.'라고 했다. 나마저 없었다면 어머니와 함께 묻혔을 거라고 고백도 했다. 이렇게 속마음을 털어놓으면서 스펀지 물 적시듯 자연스럽게 젖어들었다. 김제에서 계절이 두 번 바뀌고 아름다운 김제 들녘의 석양을 마음에 담고 나는 전주로 발령을 받았다. 얼마 뒤 그 사람도 전주로 발령을 받아왔다. 그이는 수박을 들고 우리 집에 자주 찾아왔다. 어머니는 성실한 그가 마음에 들었나 보다. 아들처럼 든든해 하였다. 때가 되면 밥을 챙겨주고 어느 때는 특별한 음식으로 대접도 했다. 세월의 흐름 속에 한 그림자는 밀려가고 그이로 채워 갔다.

부모를 일찍 여의고 고아원에서 자란 사무실 사환이 누나 하며 나를 잘 따랐다. 점심은 우리와 함께 먹고 저녁은 국수로 끼니를 때우고 야학에서 공부하는 아이였다. 야학에 다니는 것을 자랑하며 선생님과 친구들이 찍은 사진을 보여주었다. "가만히 있어 봐. 이게 누군데?" "우리 선생님. 참 좋아." 사진을 든 손이 떨리고 있었다. 그렇게 찾아 헤매던 사람이 눈앞에 있었다. 평생 변하지 않을 거란 마음은 오 년의 세월 속에 봄눈 녹듯 변해 있어 나 스스로도 놀라웠다.

기대에 미치지 못해 “내 사위 순경이라고 어떻게 말할까.” 하시던 아버지도 술 한잔 따르시며 “딸을 부탁한다.” 하셨다. 긴 시간 변함없는 그 사람의 배려와 관심은 친구들과 동료들의 부러움을 샀다. 그리고 나는 자신이 주인공인 신부가 되었다.

내 인생의 전환점

우리의 삶은 선택의 연속이다. 사람은 누구나 그때는 최선이라 생각하고 선택한 길이 실패로 쓴맛을 보고 돌아서서 아니 저렇게 했더라면 하는 아쉬움과 후회를 맛본다. 반면 시시하고 아주 작은 일 또는 아주 단순한 일이 인생의 전환점으로 올 수 있다. 나에게도 칠십 평생을 살아오면서 내 생에 전환점이 여러 번 있었다.

유년기는 철모르고 살았고 학창시절 공부하지 않은 것에 많은 후회가 된다. 다행히 청년 시절을 보내면서 공부는 못했지만 졸업장이 있어 주눅들지 않고 살아온 것은 참 다행한 일이다. 가끔은 공부를 잘했더라면 내 인생이 어떻게 변했을까, 지금보다 나은 삶을 살고 있을까 하는 생각도 했다. 그러나 슬기롭고 우직하게 아이들을 돌보며 가정을 지키고 살아가면서 졸업장이 없다는 이유로 의기소침하게 살아가는 이웃의 모습을 종종 보았다.

결코 그런 것들이 우리의 삶에는 아무런 영향력을 주지 않지만 기가 죽는 것은 외부로부터 오는 것이 아니라 내면의 정신적인 자존감이 삶의 중요한 전환점과 마주치는 시기가 아닌가 생각해 본다. 어떤 선택을 할 때 마음 문을 굳게 닫고 나의 선택이 최선이라 생각하고 주위의 만류도 뒤로하고 밀고 나가 쓴맛을 본 뒤에 내 이기심과 욕심 그 중심에 내가 서 있었음을 깨달았다.

그것이 자존심이라 생각하고 부끄러운 욕심에 사로잡혀 분별하지 못하고 반복하는 어리석음을 나는 정직하고 최선을 다했다고 합리화하며 내심 회복해야 한다는 욕심에 긴 세월을 반복했다.

남편과 나는 근검하고 성실했다고 자부한다. 공직생활 33년을 퇴직하고 남편과 나는 아이들 셋이 출가한 후 전주에서 제일 싼 아파트에서 생활하고 있다. 주말이면 찾아온 초등학교에 입학한 손자 녀석 "할머니 집은 왜 낡았어? 근데 집에 들어오면 새집 같아." 한다. 내 귓불이 빨개진다. 못 들은 척 그냥 넘긴다. 반복하는 어리석음을 범하지 않았으면 재개발 운운하며 언제부터 집을 비워야 한다는 떠도는 말에 신경 쓰지도 않고 교회 가까운 곳에서 노년을 조금은 윤택하게 살고 있지 않을까?

나의 결정적인 전환점은 내 힘이 다 소진되고 모든 것을 내려놓고 아니 정확하고 솔직한 고백은 나를 포기하고 주님 앞에 무릎 꿇었을 때다. “너는 내 것이라.” 부르심은 내가 유년시절 지금의 남문교회 성심유치원에 다닐 때다. 유치원 졸업 후 초등학교 다니면서 쉬었다 나갔다 반복했고 성탄절이 되면 우유 가루와 과자를 선물로 주어 그것을 타기 위해 열심히 나갔던 기억이 난다.

초등학교 시절엔 친구 따라 서문교회 여름 성경학교에 갔다. 돌아오는 길에 비가 억수같이 쏟아져 처마 밑에 쉬었다 오면서 비를 담뿍 맞았다. 그 일로 어머니에게 야단을 맞고 교회에 나가지 않았다. 시골에서는 할머니가 권사님으로 교회를 세우셔서 중고등학교 방학 때 시골에 가면 뽐을 내고 다녔다.

성장하여 결혼 후 아이를 낳고 주님을 앞세워 내가 중심이 되는 신앙생활을 뜨겁게 했다. 주님 뜻은 아랑곳없고 내 욕심껏 눈물 뿌려 기도하면 다 되는 줄 알았다.

숱한 세월이 흐른 후 하나님은 나를 안타까운 사랑으로 바라보고 계심을 깨달았다.

선택된 하나님의 자녀로 성령의 인도함을 받으며 살아왔음을 깨닫는 순간 완전히 목표가 달라지는 전환점이 되었다. 모든 것을 거저 주시는 은혜 가운데 아이들 셋도 선물로 받아 살아갈 수 있는 용기를 주신 것도 하나님 축복이요 내게는 큰 기쁨이었다.

성실하기 그지없는 큰아들에게 친정아버지 살아생전에 "착하고 성실한 것으로는 하버드 대를 졸업하고도 남을 것이다."라며 칭찬을 아끼지 않으셨다. 그 성실함과 착실함으로 착하고 온순한 아내를 만나 딸, 아들을 얻고 안수집사의 사명을 감당하는 모습을 보고 권사님들 칭찬에 내 어깨가 들썩여지고 조심스럽게 내심 큰 자랑거리가 된다.

자기 생각이 분명한 작은아들, 그 분명함이 어느 땐 어미 마음에 상처로 남겨지나 어렵고 힘든 세상에서 아내의 뜻을 따르고 두 아이 아빠로 당당히 살아가며 어미 앞에서 플루트를 연주하며 마음을 달래주는 모습이 장하고 대견스럽다.

생각만 해도 기쁨을 주고 어미 맘을 어루만지며 힘이 되어주는 착하고 고운 우리 딸, 남편 내조하며 두 아들 뒷바라지에 제 몸 뒤로하고 열심히 살아가는 모습이 사랑스럽기 그지없다. 한 발 뒤로 물러선 듯한 믿음 생활인 줄 알았는데 뒤돌아서 두 손 모아 기도하는 신실한 믿음의 딸을 바라보며 감사 기도 드린다.

나의 실수 나의 선택은 오늘에 있게 하신 하나님 섭리임을 믿는다. 어떤 선택을 했을지라도 그 과정을 통해 돌고 돌아 나를 단련시켜 주 바라기가 되어 있을 것이다.

인생을 다시 산다면 어떤 선택을 할까 물어온다면 "너를 지명하여 불렀나니 너는 내 것이라." 하나님 자녀로 살아가며 혹 육신의 옷을 입은 인간이라 욕심이 앞설지라도 육신에 이끌리는 선택은 하지 않으리라. 마지막 나의 전환점은 내 육신의 옷을 벗는 그 날이리라.

3부 천 원의 행복

어미 새

새벽에 예배를 마치고 교회 모퉁이를 돌아서는데 철쭉나무 사이에 무엇이 파닥파닥했다. 가까이 가 보니 작은 새 한 마리가 보였다. 나뭇가지 사이에 있는 새를 잡으려는데 무엇이 머리를 탁 쳐서 새를 놓치고 말았다. 놀라서 눈을 드니 어디에서 언제 모였는지 새들이 머리에서 맴돌고 있었다. 새끼 새를 응원하러 모였나 보다. 내 머리에서는 피가 흐르고 있었다. 겁이 왈칵 났다. 아기 새 나는 훈련을 시키고 있었는지, 지켜보고 있던 어미가 새끼를 보호하려고 내 머리를 쪼았나 보다. 그 사나움 뒤에는 사랑이 숨어 있었나 보다.

그 뒤로 종종 엄마를 생각한다. 어려서부터 지금까지 내겐 무서운 엄마로만 떠오른다. 이 나이에도 엄마의 따뜻한 사랑이 목마르다. 우리 형제는 팔 남매다. 위로 언니 하나, 오빠 하나 내 밑으로 동생이 다섯이었다. 언니는 공주였고 나는 집안에서 존재감이 없었다. 학교에서 수업이 늦게 끝나면 엄마에게 혼날까 봐 정신없이 뛰어가 책가방을 던지고 밥을 해야 했다. 직장 생활을 하면서부터 엄마에게 힘이 되어 주고 사랑받는 효녀가 되고 싶었다. 월급을 받으면 봉투째 드렸다. 내가 처음 지방에서 직장 생활을 하고 집에 다니러 갔을 때 처음으로 언니가 밥을 챙겨주었는데 그 밥을 먹으면서 감격하고 떨렸던지 지금도 그 느낌이 생생하다.

언니가 결혼 후 난 엄마에게 보란 듯이 잘해드렸다. 내 존재를 드러내고 싶었다. 내가 결혼 후에도 친정의 크고 작은 일을 도왔고 엄마의 도움을 받으며 아이들을 키웠다. 한 번은 무슨 일 때문인지 엄마가 서운해서 한 달쯤 친정에 발길을 끊은 때가 있었다. 한 번도 딸 집에 오지 않았던 엄마가 찾아오셨다. 어떤 말도 없이 아이들과 놀아주고 가시는 뒷모습을 보며 그렇게 강하고 사나운 엄마도 자식에게는 어쩔 수 없구나 생각했다. 그 뒤로 언제 그랬

냐는 듯 과일과 고기를 사들고 엄마 집에 드나들며 저녁까지 먹고 돌아오곤 했다.

엄마는 지금도 가끔 어릴 적 무서웠던 모습으로 내게 상처를 준다. 내가 받아들이고 이해했던 엄마의 모습들이 힘겨워지고 부담으로 느껴지는 나이가 되었다. 건강하게 계시는 모습이 고맙고 감사한 일인데 살아계실 때 잘하라는 이웃들 말을 귓등으로 듣는다. 눈을 지그시 감고 따뜻하고 아름다운 추억 엄마의 고소한 냄새를 그려보지만 떠오르지 않는다.

얼마 전에 엄마가 병원에 입원을 하셨다. 엄마의 MRI 찍는 모습을 지켜보고 앉아있는 나에게 "어머니 어디 오 씨신가요?" 차트를 보며 긴장을 풀어주려고 의사 선생님이 물으셨다. "네? 잘 모르는데요, 동복오씨인지 해주오씨인지……." 선생님은 나를 힐끔 쳐다보며 "에이, 뿌리는 알고 있어야지." 순간 멍했다. 엄마에게 투정만 했지 나는 엄마에 대해 무엇을 알고 있나. "내가 우리 아버지, 우리 할아버지 함자 더럽히지 않으려고 오늘까지 참고 산다." 어렸을 때부터 수없이 들어왔던 엄마의 푸념이다.

내가 첫 발령을 받던 날, 그곳은 친족 누구누구가 사는 고을이니 행동거지 조심하라 하셨고, 결혼 날을 받은 후 여자는 한 번

시집가면 그 집 귀신이 되어 친정 부모 이름 석 자 더럽히지 않고 살아야 한다고 귀가 닳도록 훈계하셨다. 아흔셋이 되신 엄마의 손톱을 처음 깎아 준다. "엄마 어디 오씨야?" "응. 동복오씨."

오른쪽 장지 손톱 밑 마디에 작은 사마귀가 나 있다. 엄마에 대해 아는 것이 하나도 없으면서 그동안 힘이 되어 주었다 자부했던 양심에 가책을 느끼며 "엄마 손가락에 사마귀 났네." 딴소리를 했다.

나는 엄마가 자랑스러워하는 외가의 본도 모르고 엄마가 무슨 색을 좋아하는지도 모르면서 엄마를 떠올리면 그리움보다 서운함이 앞서는 무심하기 그지없는 딸이었다. 병실 침대에 누워있는 엄마 얼굴을 물수건으로 닦고 머리도 닦으며 빗질을 한다. 죄송한 마음과 부끄러운 마음도 함께 훑어 내린다.

엄마는 열아홉에 아버지와 결혼하여 딸 여섯과 아들 둘을 낳았으나 불행하게도 아들 둘을 먼저 앞세운 한을 가슴에 안고 선비 같은 아버지와 층층시하에서 뼈대를 지키며 손에 물 마를 새 없이 살아오셨다. 엄마는 지금까지 큰 병치레 없이 자손들 된장, 고추장, 김치 챙겨주는 것을 낙으로 삼으셨다. 세월이길 장사 없다고 단대목에 방에서 넘어져 척추 시술을 하고 누워 계신다. 그동안 호령하며 당당하게 살아오신 것이 우리가 복 받은 자였음을 깨우쳐주고 계신다. 병상에 누워있는 노인의 모습을 보니 목구멍이 싸해지며 코끝이 맵다. 검버섯이 덮인 엄마 얼굴에서 망망한 바다를 건너 항구에 이른 한 사람의 이력을 읽는다. 뜨거운 여름 햇살을 견뎌내고 살을 에는 눈발을 헤쳐 온 엄마에게서 바다 냄새를 맡는다. 나는 여태 엄마의 사랑법을 이해하지 못했다. 살갑게 표현하지 못해도 늘 지켜보며 품어온 사랑이었다.

아파트 뒤 텃밭에 심어놓은 상추를 뜯는데 전깃줄에 앉은 새들이 짹짹거린다. 마치 날 부르는 것 같다. "그래 잘 날고 있지? 그때는 미안했네, 아기 새가 다쳐 떨어진 줄 알았지." 하며 새가 쪼았던 내 머리도 더듬어 본다. 아, 엄마가 보고 싶다.

천 원의 행복

내 안에는 또 다른 내가 너무 많다. 가리어진 커튼을 걷어버리고 마음 문을 활짝 열어둔다. 잊은 줄 알았던 해묵은 기억들이 불쑥불쑥 나타난다. 버리지도 못하고 잊지도 못한 욕망과 집착의 찌꺼기들이 끈질긴 끈으로 고리가 되어 엉겨 있다.

숨을 쉬는 것조차 힘겨운 열대야, 농작물이 타들어가던 끝에 휩쓸고 간 홍수와 태풍 앞에서 무력하기 그지없는 인간의 한계를 맛본다. 대자연 앞에서 사람은 인내를 배우고 기다림을 배우고 수용을 배우며 겸손도 배운다.

무덥고 긴 가뭄과 장마 가운데서도 빛을 내는 수목들을 본다. 자식을 키우듯이 하얗게 내려앉은 농부들 손끝으로 탱글탱글 익어가는 텃밭의 작물들이 대견하고 사랑스럽다.

나는 내 삶의 무게를 등에 지고 어떤 열매를 맺어갈까? 나는 나를 끌어안으며 자연 그대로의 열매를 맺고 싶다. 감추고 싶은 고백이지만 한때 수술대 위에서 두 눈을 딱 감고 부드러운 말씨로 안정감을 주는 선생님 음성을 들으며 이대로 깨어나지 말았으면 했다. 지금도 가끔은 아내 자리, 엄마 자리, 내 자리가 버거워 도망치고 싶을 때 저녁 잠자리에 누워 눈을 감으며 '아침에 눈을 뜨면 주님 곁이었으면.' 하던 때가 한두 번이 아니었다.

뒤늦게 이 모든 것들은 내 안에 있었음을 깨달았다. 나만 보면 배가 고픈 우리 남편, 갓 첫돌을 보낸 귀여운 손자도 할아버지와 놀다가도 내 그림자만 보이면 칭얼대며 엉금엄금 기어오른다. 아침에 "학교에 다녀오겠습니다." 하며 나갔던 손녀가 무거운 책가방에 행여 학원시간 늦을세라 다음 학원 가방 들고 나간다. 할미를 보며 "할머니 나 더운데……." 한다. 햇볕이 뜨겁긴 뜨겁다. 얼굴이 벌겋게 달아있고 이마에 땀방울이 송글송글 맺혀있다.

"니 엄마에게 말하렴. 왜 할머니에게 말하는데."

"엄마는 안 줘."

"그럼 할머니는?"

"할머니는 순하잖아."

어깨가 으쓱, 입가엔 미소가 머금어진다. 호주머니를 뒤적뒤적해서 준비해온 천 원을 건넨다. 손녀가 내 목을 감으며 "할머니~." 한다.

맞닿은 가슴에 열기보다 심장의 고동이 머리에서 발끝까지 콩닥콩닥 전해온다.

"그래 사랑해. 열심히 하고 와. 시원한 것 사 먹고." 안은 등을 도닥여준다.

"응. 나도 사랑해~."

찌는 듯한 햇살도 포근한 전율로 서늘하게 식어 간다. 내가 이 자리 이렇게 있음을 감사한다. 천 원의 행복이 포근함과 희열로 전해오고 무거운 책가방이 사랑으로 가득 채워진다. 힘겨웠던 어깨가 나만의 미소로 새털처럼 가벼워진다.

'이만하면 할 것을…….'

조금은 높아진 하늘 위로 새들이 짝을 지어 난다. 언제 이 더위가 가시려나. 저녁 준비에 나서는 내 가슴엔 아직도 가녀린 심장 고동이 콩닥콩닥 들린다. 입가엔 미소가 한가득 내 손놀림과 발걸음이 한결 가벼워진다.

오월의 찬가

계절의 왕 오월이다. 한낮에 따사롭게 내리쬐는 태양 빛에 반사되어 비추는 활짝 핀 철쭉꽃은 눈이 부시게 아름답다. 꽃은 조용하고 평화로운 인내로 피워내며 희망을 노래한다. 가만히 가까이가 옰은 미소로 어루만져 본다, 오월은 산길을 걷고 들길을 찾아도 호수 같은 바닷가 물결이 모래사장에 부딪히며 철썩이는 소리를 들어도 희망과 사랑의 찬가로 들린다.

어느 시인의 말처럼 고통 없이 자라는 식물이 어디 있겠는가. 나무들도 긴 겨울에 찬 바람을 맞으며 할퀴고 지나간 아픔의 결실로 새싹을 틔운다. 그들도 아파했던 기억을 잊은 채 서로를 위로하며 그렇게 빛나고 있다. 살아서 숨을 쉬고 있다는 것은 서로에게 빛이고 서로가 기대며 살아가야 한다는 것을 자연은 끝없이 우리에게 일깨워준다.

서둘러 가는 세월 앞에서 나는 조용히 묻는다. 너는 어디쯤 있는가, 나는 여기에 서 있는데 마음은 여전히 출렁이고 나라는 한 사람의 정체성에 갈피를 못 잡고 있다. 외로움은 그리움을 부르고 그리움은 더 외로움으로 커져만 간다. 불안했던 발걸음은 내 소중한 것을 지키기 위해 인내하며 살아온 삶 앞에서 힘껏 껴안는다.

이젠 나에게 얼마의 시간이 남아 있을까? 삶을 저울질하는 욕망과 총알처럼 지나가 버린 세월 앞에서 겉모습은 늙어가고 저 마음속 깊은 곳은 여전히 담금질하는 욕망으로 가슴은 불이 붙어있다.

부모란 왜 자식에게는 퍼붓고 퍼부어도 모자라는 것일까. 눈물 어린 헌신으로 꿈도 포기하고 자신을 뒤로하고 생명줄 같았던 자식에게 다 내어 주는 것이 어미의 인생인가. 자식의 마음과 미각을 살찌우게 하는 손놀림이 힘들고 고단하지 않고 추스르지 못하는 몸동작도 기쁨과 즐거움인 것이 어미의 마음인가 보다. 칭찬

보다 끄중으로 팔 남매를 키우신 차가운 엄마의 치마폭 그 마음에는 기쁨보다 시름이 많았다.

아흔을 바라보는 지금도 자식의 자식까지도 애착의 끈을 놓지 못하고 있다. 하늘을 바라고 땅을 바라보시는 엄마의 굽어진 허리가 애달프고 좁아진 어깨가 애처롭다. 한 발 가까이 다가서면 서운하리간큼 뿌리치며 돌아서는 뒷모습은 자식을 위해 한평생 살아온 긴 시간이 먼지가 되어 뒤집어쓴 삶의 흔적으로 비친다.

자식을 아끼고 사랑하는 하얗게 내려앉은 어미 마음을 왜 그리 감추기만 하셨을까. 고추장이 줄어들고 된장 그릇이 비워지면 울컥 목이 메어온다. 옆에만 있어도 그냥 좋은 걸. 짜증을 내며 불평을 하다가 엄마 하고 부르기만 해도 가슴이 저미며 따뜻해진다. 춥고 배고팠던 마음이 넉넉한 마음으로 다시 살아갈 기운을 얻는다.

엄마가 끓여주던 쑥국 향내가 그립다. 그렇게도 냉정하고 당당했던 어머니의 모습은 간 곳 없고 작은 몸으로 두르르 말려진 내 어머니. 다이얼을 돌려 본다. "누구?" "경자." "으―응." "무엇해? 잘 있지?" '그냥 늙은이가 무어." "엄마! 엄마가 건강하게 있어 고마워. 엄마 사랑해". 차갑기만 한 엄마가 눈가를 적시며 혼자서 비시

시 웃는 모습이 떠오른다.

대지도 비를 불러 목을 적신다. 심장에서 뜨거운 비가 온다. 온몸에는 평화로운 비가 내린다. 청춘일 때보다 고운 꽃이 활짝 핀다. 심장도 빠르게 뛴다. 지상에서 어떤 풍경이 이보다 아름답고 애달플까. 어느 보약이 이보다 새 힘이 솟구칠까. 모든 섭섭했던 시간이 녹아내린다.

한적한 숲길을 걸으면 숨겨 두었던 은밀한 추억들, 가질 수 없어서 떠나보내고 할 수 없어서 침묵했다는 변명으로 지난 일들을 흘려보내고 추억으로 다듬는다. 따사로운 5월 어느 때보다 싱그럽다. 나뭇잎 사이로 쏟아지는 햇살에 눈을 뜰 수 없는 눈부심에 가슴은 타오르고 세상은 아름답다.

횃대 위 닭들

횃대 위 닭들이 날갯짓하며 나들이에 나선다. 하늘은 푸르고 먼 산은 때때옷으로 들녘은 황금빛으로 물든 날이다. 요동치는 세상 소음 속 큰 가로수 밑에서 실낱 같은 줄기로 보란 듯이 하늘하늘 웃음 짓는 코스모스 꽃이 청초하게 피어있다. 꽃잎 위로 자기 일을 다 이루었노라 자랑하며 뽐내는 눈빛에서 발길을 뗄 수가 없다. 스쳐 지나는 곳마다 울긋불긋 다 이루었노란 손짓에 눈이 호강을 한다. 황금벌판 위로 메뚜기와 뛰놀던 어릴 적 추억도 새로워진다.

날갯짓하며 나선 닭들은 단풍을 보면서 “우리는 지금 어느 빛깔에 속할까. 곱게 물든 단풍? 시들어가는 단풍?” 기울어가는 해를 보면서 이쯤일까 저쯤일까. 세월의 무게에 눌려 한없이 작아진 쓸쓸함으로 모두가 한마디씩이다. 그때 한 닭 무릎이 아파 건재국에서 약을 달여 택배로 보내온 박스 주소 옆 ‘칠십 넘은 노인’이란 글을 보는 순간 인정해야 하지만 화가 나서 빈 박스를 던져버렸단 말에 모두 웃음보가 터졌다. 짓궂은 닭 “무릎은 나았어?” “아니 아무 효과도 없어.” 닭들은 또 한바탕 웃음으로 보약을 마셨다.

인정해야 하는 가을을 보내고 겨울을 마중 나온 닭들은 마음은 그대로인데 몸이 하나 되지 않은 내면의 허전함으로 미래를 가불하고 한숨 짓고 있었다.

이 풍요롭고 아름다운 계절 단풍도 자기 일을 다 이루었노라 빛을 발하고 가로수 그늘 밑에서 피워낸 꽃을 보면서 나는 무엇으로 결실을 맺으려나 생각해 본다. 바람 따라 뒹구는 구멍 뚫린 낙엽 하나 유난히 고운 빛으로 시선을 이끈다. 마치 상처 입은 흔적으로 남아 있는 내 모습을 보는 듯해 애잔하다.

칠십 넘은 노인으로 살아온 세월 동안 아픔 없고 상처 없는 영혼이 얼마나 될까, 욕망적인 탐욕에서 벗어나 잊었나 싶으면 가시로 돌아 혼자서 정죄하고 원망했었다. 지금도 깊은 내면에서는 영혼이 자유롭고 싶은 욕구가 갈망하며 요동치고 흔들리고 있다.

수안보 온천 탈의실 거울에 비친 어느 할머니 모습이 바로 나였던 상실감도 떠오른다. 이런 나는 지금 무슨 빛으로 보여주고 있을까. 비록 칠십이 넘은 노인일지라도 남은 세월 붉은빛을 지피고 싶다. 갈수록 짧아지는 남은 세월 내가 만든 것에 따라 만들어지고 선택한 것에 따라 얻어지는 진리 앞에서 삶 자리에 눌림과 억압을 가불하지 않으련다.

나는 그리스도 사람으로 육신은 쇠하나 영은 늙지 않는다는 하나님 말씀을 믿는다. 사랑이신 하나님께 기도로 영혼에서 입으로 시인하며 깊은 사명을 깨닫고 새로운 나를 만난다.

넘어가는 황혼과 맞추어 서둘러 횃대 위로 올라서는 닭들의 쓸쓸함 뒤로 세월의 무게보다 하나님 명령이신 신령한 복을 선포하며 두레박으로 퍼 올리는 희망의 빛으로.

사향노루

든 토끼 놓치면서 난 토끼 잡으려 날뛰는 내 모습을 보고 할머니는 어미는 자식 키우는 일이 제일 큰 일이라 하셨다. 내가 전도했던 사람이 옆집으로 이사 왔다. 함께 가볼 곳이 있다기에 따라나섰다. 음식점 이방 저방에 여자들이 가득했고 식탁 위에는 돈다발이 가득 쌓여 있었다. 그렇게 많은 돈은 처음 구경하였다. 큰 계를 하는데 이자가 백만 원이면 십만 원을 주는 곳이라 했다. 집 한 채 값이 계로 움직이고 있었다. "어떻게 그렇게 해." 하면서 난 돈에 눈이 어두워졌다. 평소 잘 알고 있는 언니도 있었고 존경받는 권사님도 있었다. 금방 부자가 될 것 같았다.

쌀 한 가마에 삼만 원으로 시작한 쌀계가 육 년 후 오만팔천 원이 되어 내 손에 백 가마니 값이 들어와 있었다. 있는 것 합하고 조금 빌리고 천만 원을 만들어 가구도 번들거리는 계주 집에 주었다. 이자가 백만 원이라니 남편 봉급과 맞먹었다. 한두 달 이자가 들어왔다. 옆집으로 이사 온 사람은 남편이 직장이 없었다. 아이 셋을 키우며 조금씩 빌려 가 갚지 못한 돈도 금방 회복할 것 같았다. 당연히 남의 것을 빌려 가면 꼭 갚는 것이라 여겼다. 그 뒤로 모든 것이 시련으로 닥쳐왔다.

받기 위해 말리고 회복하기 위해 말렸다. 집을 짓고 팔았지만 구멍은 커져갔다. 죽어라 밤샘 기도했다. "하나님 회복시켜주시면 교회도 잘 섬기고 이웃과 나누고 선교도 할게요." 아주 간절히 당당히 외쳤다. 그런 기도 들어주시겠는가. 지금 생각하면 얼마나 어리석은 짓이었을까 부끄럽기 그지없다. 그중에도 아이들은 착하고 예쁘게 성장해 갔다. 이 엄청난 상황 가운데 남편이 무섭고 나를 믿고 있는 그 사람에게 실망을 주고 싶지 않아 문제들을 털어놓지 못했다. 남편은 성실하고 조심하라 했지만 조금도 의심하지 않았다.

막냇동생이 졸업 후 대학에 진학하고 싶다며 찾아왔다. 흔쾌히 대답하고 첫 등록금도 내주었다. 나이 들어 결혼을 앞둔 동생에게 용기를 주며 힘이 되어 주었다. 시골 형님 딸들이 진학하여 전주로 오면서 하나가 오고 이듬해 하나가 또 와 함께 있게 되었다. 다음 해 하나가 더 오니 집을 얻어 나갔다. 작은형님 아들도 오게 되었다. 미안해하는 조카에게 너희가 성장하면 우리 애들을 부탁한다며 내 자식처럼 여겼다. 도시락 다섯 여섯 개는 보통이었다. 그 시절은 당연히 그런 것으로 알고 살았다.

설마 하면서 한 가닥 희망을 안고 초조 가운데 있을 때 뉴스에서 보던 모습처럼 계주 집에 벌 떼처럼 달려들어 아우성치는 현장을 보았다. 그 틈에서 나는 낙심되어 기력을 잃고 쓰러지고 말았다. 모든 걸 믿고 있던 남편은 날려버린 돈보다 행여 사람이 잘못될까 봐 사람이 중하다며 다시 시작하면 된다고 격려해 주었다. 남편에게 미안한 마음과 아이들 눈망울을 바라보고 용기를 내었다. 모든 걸 털고 다시 시작하기로 하였다. 작은 아파트로 이사도 하였다.

남편은 미싱 일을 할 수 있느냐 물었다. 무엇인들 못 하겠는가, 며칠을 공장에서 배우고 하청 일을 하게 되었다. 자책하고 낙심하면서 십 년이 넘는 세월을 먼지를 뒤집어쓰면서 다람쥐 쳇바퀴 돌듯 미싱을 밟았다. 잃어버린 신뢰를 회복하기 위해 앞만 보고 살았다. 큰아들은 있는 듯 없는 듯 소리 없이 대학생이 되었고 작은아들은 제 일을 꼬박꼬박 하면서 내 일도 잘 도와주며 재수생이 되었다. 눈에 넣어도 아프지 않을 딸 마음에 행여 그늘질까 염려에 사랑으로 키워 미대생이 되었다. 작은 아파트를 벗어나 큰 아파트로 이사도 하였다.

남편은 부지런하고 욕심 없이 성실했다. 그 사람이 없었으면 아무것도 할 수 없었다. 허영과 욕심으로 큰 깨달음을 얻은 나는 내 모습에서 코 끝에 닿는 은은한 향기에 팔린 사향노루를 떠올린다. 저 몸에서 나는 향인 줄 모르고 향을 찾아 헤맨 사향노루가 낭떠러지에 떨어진 후 그 향이 바로 자신이라는 것을 깨닫는다는 이야기다. 욕심에 눈이 뒤집혀 삶의 진정한 가치를 깨닫지 못한 사향노루.

플루트 부는 아들

둘째가 여성회관에서 강의를 한다니 마음속으로 염려가 앞섰다. 늦은 공부에 박사까지 밟았지만 어미 눈에는 시원찮고 대견하기도 하다.

내가 호스피스 보강 교육을 받을 때다. 정신과 의사 선생님 첫 번째 강의 중 시선 집중 방법이 신선하게 다가왔던 때가 생각났다. 먼저 내가 누구인가를 질문하고 한 사람씩 답하게 했다. 결혼 후 본인 이름은 사라지고 OO 엄마 OO 아내라 답하는 교육생에게 자신의 이름을 밝히고 말하는 것이 옳다고 말해 주었다.

그대 나는 자신의 존재감을 확인시키는 것으로 신선하게 받아들여졌다.

나는 그 교수님이 풀어가는 시선 집중 방법을 적어놓고 둘째가 오기를 기다렸다. 아들은 손자들 방학으로 집에 오면서 아이만 올려보내고 그냥 가버린다. 창 너머로 "나 할 말 있는데 그냥 가?" 하니 "응. 나 바빠." 한다. "그럼 카톡 봐라." 하고 적어놓은 사진 찍어 보내고 다시 전화해 확인하라고 했다.

오후가 되어도 그대로이다. 혼자서 별별 상상하며 내 머릿속은 복잡하기 그지없다. 다음날 새벽 예배 시간에 자식 하는 일까지 침범하려는 무식한 어미 탓으로 돌렸다. 자식들과 자상하게 주고받던 친구 생각이 자꾸 난다. 행여 어미의 서운한 생각에 자식에게 해가 될까 봐 내 마음을 다잡는다. 그래도 떨치지 못하고 늦은 저녁 열어 보니 확인되어 있다. 풍선에 바람 빠지듯 막혀있던 가슴이 슬슬 풀어진다.

다음날 출근 시간에 손자 손을 잡고 들어온 아들에게 콩나물국에 밥을 챙겨주고 "까톡 봤어?" 하니 "응." 한다. "젊은 엄마들 시선 집중에 도움이 될까 해서." 하면서 이 푼수 엄마 적어놓은 메모지 주었다. 밥을 먹고 나간 그 자리에 그 메모지가 덩그러니 그대로 있다. 서운한 마음에 혼자서 중얼거리는 날 보고 손자 아이는 "난 엄마가 좋은데 아빠는 아닌가 봐." 한다 이 쓸쓸하고 허한 마음을 어떻게 다스릴까.

그 아이는 출근하는 아빠 모습이 사라질 때까지 안녕 안녕 하며 손을 흔들어주던 아이였다. 초등학교 땐 어버이날 몰래 감추었던 카네이션을 가슴에 달아주며 기쁨을 주었고 고학년이 되어 학교 운동장에서 보이스카우트 야영 훈련 때는 리더가 되어 혼자서 텐트를 치던 대견스러운 아이였다. 추운 겨울 동네 아이들과 눈싸움을 하고 꽁꽁 언 손을 따뜻한 물에 담그고 비벼주며 녹여주었고, 아이들과 뛰놀고 열이 오른 성장통 땐 행여나 잘못될까 날밤을 새우며 안아 주었다. 친구들과 자식 자랑으로 시간을 보낼 때 알랭 드롱보다 잘생긴 아들이라 우김질을 하며 폭소를 터트렸던 아이다.

성장해서 군 복무를 마치고 늦은 대학생이 되어 늦은 귀가에 차려준 어묵국을 보며 "와! 어묵국, 학교 앞 어묵국 먹고 싶었는데." 하며 맛있게 먹어준 아들이다. 그 뒤 난 요즈음처럼 추운 날 김이 나는 포장 마차집 앞을 지나면 그때 일이 생각나 가슴이 아려와 살며시 피하게 된다.

남편의 퇴직으로 제 이의 삶을 찾아 고향을 떠날 때 누구보다 응원자가 되어 용기를 북돋아 주던 아들이다. 난 지금 그렇게 듬직하고 대견했던 가지를 살점을 떼어 내는 아픔으로 하나씩 둘씩 잘라내고 있다. 아직도 몇 가지가 남았을까 잘려 나간 가지 사이론 하늘도 구름도 보인다. 바람도 쌩쌩 스쳐 간다. 찬바람 맑은 공기를 다시며 감사하면서 한쪽은 시리기만 하다. 이런 때는 혼자서 생활하는 엄마가 고맙고 감사하다. 딸이 여섯 있지만 누구 하나 찾아주는 이 없고 잃어버린 것처럼 허전하고 사람이 그리울 때 섭섭함을 감추지 못하고 가까이 살고 있는 나에게 감정을 쏟아내던 때 난 이해할 수 없어 오히려 야속했었다. 딱 이런 감정일 때였나 보다. 세월이 더 흘러가면 내 감정을 설명할 수 없는 허전함에 빠져 내가 중심이 되어 아이들 마음을 괴롭힐까도 두렵다.

남편 기일이 되었다. 가족 모두는 남편 있는 곳에서 예배를 드렸다. 작은아들은 플루트로 찬송가를 연주하며 내 마음을 녹여 주었다. 어버이날도 어김없이 연주하는 모습에 염려스러웠던 마음이 믿음으로 변했다.

공허한 날 스스로 성찰과 회복을 위해 돼지등뼈로 감자탕을 끓인다. 큰애 퇴근길에 불러 한 냄비 들려주니 "애기씨는요, 동서는요, 고맙습니다." 하며 간다. 엄마 것도 한 냄비 담아 놓았다. 플루트로 어미 마음을 녹여주는 아들도 한 냄비 들려 보냈다. 싱크대 위에 빈 냄비만 덩그렁 남아 있다.

배는 부르고 얼굴을 여위는 칼바람 겨울날 노을은 왜 이리 예쁜 걸까.

카운트 다운

목을 곧게 세우고 지시형인 남자, 고등학생인 아들 딸 앞세워 등교시키고 출근했던 남자, 밤 12시가 되어 학원 앞에서 입시생인 딸을 마중했던 남자, 세월이 흐른 후 큰손녀딸 초등학교 삼학년까지 하교시켰던 사람, 내 남편이다.

몸무게 80kg을 오르내리던 남편의 뱃살을 손가락으로 꾹꾹 누르며 "존 빼! 좀 빼!" 했던 몸이 일이 년 전부터 살이 내리기 시작했다. 건강 검진을 예약하고 권하면 "나 멀쩡해. 염려 없다." 큰소리 치던 남자다. 당과 혈압으로 꾸준히 진료 받아오던 아들 같은 의

사에게 "나 왜 이렇게 살이 빠지지?" 하니 "소견서 주며 검진 받아 보자 권해도 안 가셨으니 한번 받아 보세요." 한다. 조금은 염려되어 함께 찾아가 다시 권하는 의사 말에 돌아서는 내 뒤꼭지가 화끈거렸다. 며칠이 지난 뒤 검진을 받았다.

기본적인 피 뽑고, 사진 찍고, 한 주 뒤 내시경, 한 주 뒤 영상의학, 떨려오는 가슴에 사형수처럼 밤잠을 설치며 한 달을 기다렸다. 혹시? 하면서도 설마 했던 결과는 하늘이 무너지는 소리였다. 엄청난 진실을 믿을 수 없어 서울 병원을 찾았다. 그곳에서도 같은 진단을 받았다. 4기 전이까지 되어 어찌할 도리 없는 상황에서 무심했던 인생의 의미를 생각하게 되었다.

나는 이 남자를 만나 친정살이에서 벗어나 내 인생의 무대에서 자유인으로 주인공이 되어 그의 뒤에서 빛나길 꿈꾸었다. 세월이 가면서 녹록지 않은 삶의 무게에 부딪혀 긁히고 긁혀 상처를 주고받으며 주인공이 아닌 존재 없는 조연으로 변하고 있었다. 시녀 아닌 시녀가 되어 참아야 하는 것이 너무 많아 억울하고 약이 오르던 차, 이제는 이빨이 빠지려 하는 호랑이에게 눈을 흘기며 발톱을 세워 볼까 했는데 이 상황에 왜 아름다웠던 추억만 떠오를까.

밤 근무를 마치고 들어오는 손에 든 노란 봉투 속 군밤, 눈 쌓인 하얀 겨울밤 아이들 잠재우고 찾은 포장마차 참새구이와 우동 한 그릇, 하얀 눈 위로 토끼가 길을 내준 모악산을 밀어주고 손잡아주며 오르던 일, 늦은 가을날 사람 발길 닿지 않던 숲에서 감을 따먹으며 아담과 이브로 변했던 일들이 가슴 아프게 다가온다.

받아들일 수밖에 없는 현실 앞에서 자녀들은 이대로 두면 방치라 방방 뛰지만, 난 얼마 남지 않은 삶의 질을 먼저 생각했다. 아마 나는 이런 날을 위해 십여 년 전부터 호스피스 봉사로 훈련을 받았었나 보다. 99% 뒤로 물러나 인생에서 가장 소중한 것이 무엇인가를 생각하고 페이지 터너가 되어 내가 할 수 있는 최선의 길을 택하고 이별을 준비한다.

무엇이든 부정하는 이 사람의 마음에 따뜻한 모닥불을 피우는 불쏘시개가 될 것이다. 사소해 보이는 작은 것에 큰 의미를 담고 마른 손을 한 번 더 잡아 줄 것이다.

어제와 다르게 눈을 감고 누워있는 모습만 보아도 가슴이 덜컥 한다. "왜? 힘이 없어?" 하니 피식 웃는다. "당신은 복도 많아. 자식들이 여행을 권해도 싫다, 맛난 것 사 준대도 싫다." 억지로 힘을 실어주고 존재감을 세워준다. 내 눈에 창백하게만 보이는 남편 모습에서 "야, 그래도 팔십은 살아야 하지 않겠느냐?" 하시던 아버지 마지막 모습이 겹쳐진다.

난 어제와 다르게 무조건 '당신 말이 맞아.' 긍정하며 세끼 먹을 수 있는 것만 도울 수밖에 없는 것이 가슴 아프다. "왜 음식을 먹어도 기운이 없지?" "그니까 많이 먹어. 이것은 독소 제거제, 이것은 장 청소, 이것은 위보호제, 이것은 단백질, 골고루 먹어 봐." 권하는 것밖에 도울 수 없는 것이 안타깝다.

"언제 우리가 이렇게 늙어버렸대. 당신 만나 아웅다웅하며 아들딸 선물 받았고 큰손주가 군대 갔으니 우리 잘 살았지? 수고 많았어." 하며 등 뒤에서 살포시 안아주며 "아프지 마." 하니 "나 괜찮아." 한다. 가슴은 무너지고 짜고 쓰디쓴 눈물이 주르륵 흐른다.

사람 마음이 한없이 약해진다. 무엇이든 트집 잡아 큰소리치던 모습에 올라오던 부화가 애처로움으로 변한다. 본인은 까맣게 모르고 의심조차 없고 달라진 것 없다. 나무도 어제 있던 그 나무 모든 것이 변함이 없는데 난 외로운 섬, 영혼 없는 허수아비처럼 빈껍데기가 되어 아직 아무런 반응 없는 기적 같은 하루하루를 감사하며 언제일지 모르는 카운트 다운, 이별을 준비한다.

침묵의 시간

어디론가 떠나고 싶은 청명하고 맑은 가을빛이 내려앉은 날, 살랑거리는 바람을 가슴에 안고 한 걸음 한 걸음 산을 향해 오른다. 전주는 지형적으로 축복 받은 곳은 확실하다. 몇 걸음만 나서도 멀리서 물결치듯 흔들리는 갈대숲은 나를 향해 손짓하고 바람결에 휘날리는 붉고 노란 낙엽들이 함께 가자 뒤따른다. 숨을 헐떡이며 흐르는 땀방울과 거칠어진 숨결로 산을 오르면 가슴에 뭉쳐있던 아직도 버리지 못한 찌꺼기들을 토해낸다. 붉은빛 노란빛 초록빛으로 깔린 카펫으로 들어가면 가을에 끝자락이 내 등 뒤를 붙잡으며 속삭인다.

소리 없이 깊어지는 가을처럼, 살면서 자세히 바라보지 않으면 놓치는 것이 많고 가던 길을 멈추고 뒤돌아본다. 살랑거리는 바람, 떨어지는 낙엽 소리, 유난히 눈에 들어오는 붉고 예쁜 낙엽, 한걸음 뒤로 물려서 낙엽을 줍는다. 한쪽에 구멍이 뚫려있다. 나를 만난 듯 가슴이 싸~아 하다.

낙엽은 모체인 나무가 긴 겨울을 나기 위해서 수분을 저축하려다 나뭇잎까지 전달하지 못해 스스로 내는 빛이란다. 이 고운 빛은 살기 위해 내뿜는 흔적이라니…. 내 인생에서 가장 두렵고 나를 긴장시키는 일은 흘러간 시간 속에서 어디는 어떤 빛으로 비추었을까. 낯선 시간이 줄어들고 그리운 시간이 길어지는 난 긴 침묵 속에서 내 모습을 떠올리며 발길을 재촉한다.

그대 지금 어디쯤 가고 있는가. 그대는 누구의 기억 속에 어떤 색깔로 비추고 먼 훗날 어떤 사람이라 기억되고 있는가, 누구보다 내 몸에 탯줄을 끊고 나온 내 생명 같은 자식들은 어미를 어떤 기억으로 떠올릴까. 내가 좋아했던 이들에게는 어떤 추억으로 새겨있을까, 계속 꼬리에 꼬리를 물고 이어진다.

시간의 흐름 속에 세월은 묻혀서 흘러갔고 내 삶도 그 속에서 속절없이 흘러갔다. 드러낼 것 없고 세울 것도 없이 그렇다고 비난 받아야 할 삶은 아니건만 한두 걸음 뒷전에 서서 나를 바라본다. 채우지 못해 허덕이고 바람만 스쳐도 상처를 받았다. 체념인가 포기인가를 고민하며 침묵하게 했던 아픔과 상처들이 수다로 변해서 지저귀는 아낙네로 변해있다.

문득 등산화를 챙기고 배낭을 메신 아버지를 떠올린다. 할머니에게는 바라보는 것으로도 소중했던 장남으로 선비 중 선비셨다. 공직에서 물러난 뒤 산에 오르시기를 즐기며 멋과 풍류를 즐기셨다. 아버지는 팔 남매를 꾸중 한 번 못 하시고 뒷전에서 헛기침으로 끙끙 앓으시며 혼자서 웅얼거리던 모습을 오늘 내 모습에서 본다.

논을 팔아 교회를 세우셨던 할머니 권사님 밑에서 공직에서 물러나신 뒤 늦게 믿음 생활을 하셨다. 이생에서 마지막 떠나시던 날 새벽 예배를 드리고 찾아주신 목사님과 성도님들의 찬송과 배웅을 받으며 주님 곁으로 떠나셨다. 장례 예배를 드리던 목사님은 예배 한 시간 전부터 오시어 맨 앞줄에 앉아 성경을 읽으시고 예배를 준비한 모습에 많은 힘을 얻으셨다는 말씀이 지금도 내 귀에 울린다. 갑자기 찌르르 심장 속에서 아버지가 그리워진다.

그 흔한 상장 한번 안겨주지 못했어도 방황하던 성장기 땐 인생은 연극무대로 네가 주인공이라 말씀하셨다. 참을 수 없이 감정이 격해지면 열을 세어 보라며 격려해 주셨다. 성장하여 가정을 이루고 살아가는 것만으로도 자랑스러워하시며 건강이 제일이니 건강 지키며 일하라시던 속 깊으신 아버지 사랑에 코끝이 찡해 온다. 내가 밟은 이 길을 그때 내 아버지도 밟으셨을까? 땅에서 올라오는 낙엽 냄새와 흙냄새에 아버지의 땀방울도 묻어나는 것 같다. "예수는 이스라엘 민족 유대인의 종교가 아니냐?" 우리는 동양인이라며 고개를 기웃거리시며 아버지께 이 점을 명확히 답해 드리지 못한 죄송함을 이제야 사과드린다. '이스라엘 민족은 오늘 예수 믿는 사람을 말하고 우리가 예수 그리스도를 믿음으로 하나님의 자녀 된 특권을 얻었다는 하나님 말씀'을 왜 명확하게 답해 드리지 못했을까.

내 삶 속에 누군가가 찾아와 속삭인다. 진실한 삶에 등 돌리지 말라고. 자신을 한없이 낮추고 한없이 비우고 떨어지는 낙엽처럼 내 길을 걸으라고…. 삶에 어디쯤에서 작은 빗방울 소리가 하늘을 울리는 천둥소리에도 흔들림 없이 살아갈 수 있을지, 인생의 봄날을 기다리는 이들은 이 가을 어떤 빛으로 가꾸어갈까.

정상에서 내려다보는 곱게 깔린 레드 카펫 그 위로 빙그레 웃으시는 아버지 모습이 보인 듯하다. 찬 서리가 내리면 가지마다 설화가 안개꽃 조명처럼 빛나겠지.

터널의 끝

아침이면 제일 먼저 떠지지 않은 실눈을 비비고 일어나 냄비에 담은 물을 레인지 위에 올린다. 물이 끓으면 토마토를 둥글려 튀기고 껍질을 벗겨 바나나와 강판에 갈아 생주스를 만든다. 내 발소리에 눈을 뜬 엄마에게 드리니 단숨에 마시는 모습이 귀엽게 보인다.

잔병치레 없이 건강하시던 엄마는 구십이 넘어 허리 시술을 하고 구십구 세 늦은 봄에 허리 시술을 또 받으셨다. 그 뒤 기력이 회복되지 않아 내 집으로 모셨다. 죽어도 할머니 아버지가 돌아가신 당신 집에서 죽겠다는 고집에 두 손을 들 수밖에 없어 미루어 오다가 긴 장마 끝에 단전이 되어 강한 고집도 어쩔 수 없이 '끌려 오신' 것이다.

내 어린 시절과 젊은 시절은 엄마 앞에서 반듯이 서지도 못하고 주눅이 들어 있었다. 엄마에게 관심과 칭찬을 받기 위해 친구들과 미래 꿈을 그리기보다 학교 가방을 던지고 많은 식솔 밥을 했고 걸음까지도 조심해서 걸었다. 격려와 칭찬보다 지적과 꾸중을 아끼지 않아 한때는 날 낳은 엄마가 아닌가 싶어 고민도 했다.

사춘기 중학교 때 일이다. 친구들과 놀다가 저녁시간이 늦어졌다. 혼날 것이 두려워 친구 집에서 떨며 밤을 샌 적이 있었다. 그때도 엄마는 끄떡하지 않으셔 결국 내가 빌고 들어갔던 기억이 생생하다.

무섭고 강하셨던 엄마는 백 세를 바라보는 봄까지도 당당히 홀로 생활하셨다. 한 번씩 찾아간 딸에게 반가움보다 섭섭함과 외로움을 당당함으로 내세우며 찾아올 것 없다며 문전 박대해 오히려 상처받고 눈물 흘리며 돌아왔다.

선비 같으셨던 아버지와 층층시하 시어른들을 모시면서 당신이 낳은 여덟 자식에게는 싸늘하게 상처를 주면서 어른들에게는 장손의 며느리 역할을 다하셨다. 얼마 전까지도 "너와 네 새끼들 내가 다 키웠다."며 큰소리치시던 엄마는 이곳에 온 후 하루가 다르게 말수가 적어지며 변해가고 있다.

동생들이 전화해 안부를 물으면 "잘 있다만은 마음이 편치 않다." 하신다. 딸아이가 "할머니, 엄마 집에 있으니 좋지? 많이 좋아지셨구먼." 하고 물어 오니 "네 엄마가 고생하니 어서 가야지." 하신다. 모르는 척 딴청을 부리는 내 마음속은 태산 같은 큰 벽이 무너지는 소리를 듣는다.

엄마가 백 세가 되어도 팔십을 바라보는 딸은 투정하며 엄마의 사랑을 구하고 보살핌을 받고 싶은 응석받이인가 보다. 날마다 시들어가는 모습을 보면서도 영원한 버팀목이 되어 줄 것 같은 착각에 투정이 반이다.

TV 국악프로 살풀이 너울거리는 춤을 보면서 "나는 저렇게 한국 무용하고 싶었는데 엄마가 무서워 말도 못 했어. 결혼 후에는 내 자식 키우느라 못했고 지금은 몸이 굳어 못하네. 엄마는 무엇이 하고 싶었어?" 하고 물으니 아무것도 생각 못 하고 살았다 하신다.

자식 속내는 헤아리지 못했어도 냉정하고 사나움 속에 우리

여덟 자식은 보란 듯이 잘 자랐다. 여름이면 머리와 목에 물수건을 올리고 땀을 흘리며 이틀거리 사흘거리 이 자식 저 자식 김치 담가 주시던 기억만 남아 있는 엄마의 삶이었다.

그러시던 분이 지금은 당신 몸도 가누지 못하면서 당신 때문에 행여 딸이 힘들까 봐 전전긍긍하며 "나만 거두어서 어쩌끄나." 하면서 마음에서 놓지 못하는 막내 이름을 부른다. "엄마는 우리 집에 있으면서 왜 막내를 부르는 거야." 하면 눈을 깜박이면서 "그랬어? 그러면 네가 잘 새겨들어야지." 하시는 계면쩍은 표정 속에 숱한 세월이 찰나같이 흘러간 엄마의 인생길을 읽는다.

인간의 도리와 순리에 순응하며 지칠 줄 모르고 불평 없이 건너온 엄마의 긴 터널 끝에 어리석음을 반복하면서 인생의 쓴맛 단맛을 맛본 응석받이 딸이 엄마를 가슴에 품고 함께 서 있다. 물수건으로 얼굴을 닦아주며 여기는 코, 여기는 눈, 장난을 친다. 윤기 없는 하얀 머리에 빗질을 하면서 "옛날처럼 호령하고 혼내면서 '네 자식 내가 다 키워주었다.' 큰소리쳐 봐." 하는 내 말끝과 손놀림은 떨리고 있다.

불나방

사춘기 소녀는 야망도 꿈도 없이 엄마의 눈치만 살폈다. 부모의 기대에 미치지 못한 열등감에 엄마의 사랑만 목말라 무력해 있었다. 존재감 없이 자신을 소외하고 때로는 혼자서 우쭐하고 교만하고 새침한 고교 시절을 보냈다.

고등학교 삼학년 때 졸업을 앞두고 그룹미팅을 하게 되었다. 한 남학생 집에서 부모님이 챙겨주신 교자상을 받으면서 두려워 얼굴을 들을 수가 없었다. 미팅 후 가까운 친구들과 잦은 만남이 이루어졌다. 졸업 후 진학하는 아이와 재수하는 아이로 분류가 되었다. 내 짝은 키도 크고 코도 컸다. 나는 진학은 생각하지 못했고 내 짝도 진학하지 못하고 남게 되었다. 존재감 없이 닫혀 있던 나는 두근거리던 마음이 열리고 자연스럽게 그가 가슴으로 들어왔다.

옛 도청 옆에 상무관이 있었다. 그는 그곳에서 유도를 했다. 무엇이 불러내듯 저녁이면 누가 볼까 두려워하며 멀리서 기웃거렸다. 그때는 그렇게 무섭던 엄마도 무섭지 않았다. 내가 맹장 수술을 했다. 간호는 친구가 해주고 있었다. 그는 병실을 드나들게 되었고 철부지 소녀일 때 가능한 맹목적인 사랑이 시작되었다.

그해 여름방학이 끝나고 그는 진학에 열을 올리고 난 시골 초등학교 임시교사로 나가게 되었다. 시골 학교 운동회는 그 고을 축제의 날이다. 그해 가을 내가 지도한 운동회 꽃 매스게임을 누구보다 그에게 보여주고 싶었다. 그에게 편지도 보냈고 무용과에 진학한 친구를 불러 운동장에서 춤을 추는 시간도 만들었다. 운동회를 마쳤으나 그는 오지 않았다. 그는 진학을 위해 바빴고 나는 틈만 나면 전주를 향해 그의 뒤를 좇는 나방이 되었다. 겨울 방학이 끝나고 임시교사 제도가 없어졌다. 그가 진학했다는 소식을 듣지 못했다. 공부하고 거리가 먼 나는 운이 좋아 경찰국 별정직 시

험에 합격 통지서를 받아 지방 임시직 발령을 받았다. 발령을 받고 업무에 익숙하지 못할 때 그는 바람처럼 나타나 한 번 스치고 흔적도 없이 사라졌다. 초조한 마음 드러낼 수도 없고 자존심도 상하나 절제할 수가 없었다.

추억을 더듬으며 한벽루 철길을 따라 걸으며 장래 꿈 이야기보다 "아마 부모를 이렇듯 그리워했으면 효녀 상 탔을 거야."라고 말했다. 그때 호탕하게 웃음으로 응수했던 그다. 눈 오는 겨울날 갑자기 나타나 친구들과 다리 밑에서 모닥불을 피우고 벌벌 떨던 내게 웃옷을 벗어주던 기억, 엄마 심부름 가던 때 집 앞 길목에서 나타났던 기억, 한번은 자기 집 앞에서 망설이는 나를 어머니에게 인사시키던 그가 아무 흔적도 연락도 없어졌다. 하루하루가 길었다. 한 계절이 지난 뒤 우린 조용한 빵집에서 아무런 말 없이 앉아 있었다. 꿈을 꾸는 것 같았다. 원하면 짚신이라도 삼을 나의 불나방 같은 사랑은 나선을 그리며 불빛 주위를 빙빙 맴돌고 있을 뿐, 그도 나도 아무 말 못 하고 그냥 헤어졌다.

외로움 속에서 지방으로 정식 발령을 받았다. 멀대 같은 사람을 보면 가슴이 덜컹 했지만 실망을 안고 빨간 우체통에 혹시나? 하며 그렇게 허깨비 모습으로 변해갔다. 사람들이 싫어졌다. 무인도에서 혼자 살고 싶었다. 두툼해진 노란 월급봉투를 들고 무조건 무인도를 찾아 떠났다.

사람들 눈을 피해 작은 산을 넘고 뻘밭을 걸었다. 해가 질 무렵 처음 보이는 집에서 물 한 모금 얻어 마셨다. 내 모습에 위험을 느꼈는지 쉬어 가라는 인자한 그 집 주인 말에 주저앉았다. 낮에는 바닷가 바위에 앉아 수평선을 바라보고 내 마음을 띄워 보내며 보름을 지냈다. 발밑까지 밀려오는 세찬 파도와 잔잔한 파도의 속삭임은 들리지 않았다.

그날도 바위에 앉아 밀려오는 파도와 갈매기를 향해 '나 여기 있노라 소식 좀 전해다오.' 한숨짓고 있었다. 해무 속 갯벌 멀리서 바지를 걷어 올린 두 사람이 뻘밭을 걸어오고 있었다. 가까이 다가오는 사람은 맨발에 뻘로 뒤엉킨 내 아버지였다. 그곳은 썰물일 때 뻘밭을 걸어 다녔고 밀물일 때는 섬이 되는 곳이다. 자식으로 못할 짓을 저지른 나는 몸 둘 바를 모르고 아버지는 하룻밤을 함께 묵으셨다. 나에게 소주 한잔을 따르시며 "인생은 연극이다. 무대에서 연극을 했을 뿐이다."라고 말씀하셨다. 휘몰아쳤던 태풍은 나의 몸부림과 가족들의 놀람으로 그렇게 지나갔다.

제자리로 돌아온 일상에 언제 태풍이 일었냐는 듯 평화로움에

스스로 놀라웠다. 어제를 잊는 연습을 반복하면서 자신의 일상에 익숙해졌다. "호박떡이 먹고 싶어." 다음날 팥을 얹은 호박떡을 버스 편으로 보내왔다. 처음으로 나만을 위한 엄마의 따뜻한 손길이었다.

사춘기 소녀 시절 연극 무대는 무작정 달려들던 불나방 같은 사랑으로 부모님 애를 태웠고 혼자만 깊이 앓은 아픈 추억으로 막을 내렸다.

버팀목

육모정에서 구룡 계곡으로 향하는 숲길은 어렸을 적 외갓집 가는 길처럼 아카시 내음과 찔레 향이 가득했다. 다리를 건너며 외길을 걷는 숲길에 취했다. 잠시 머무는 숲에서 앙상한 고목에 '버팀목'이라고 쓰인 푯말이 눈에 띄었다. 자세히 보니 금방이라도 내려앉을 듯 보이는 고목에 또 하나의 고목이 기대서 있다. 아직 뿌리가 있나 살펴보았다. 앙상한 고목이 서로 받쳐주고 버팀목이 되어주는 모습이 애잔하고 정다워 보였다.

남원 운봉에 위치한 삼산마을 노송 군락지 숲은 고려 말 양

씨, 김 씨, 이 씨 등이 정착해 마을을 형성한 곳이다. 마을 남쪽으로 천이 흐르고 지리산에서 쏟아지는 홍수를 막기 위해 숲이 조성된 곳으로 소나무 백여 그루가 제멋대로 자라면서 숲을 이루고 있었다. 나무들은 눈, 비, 태풍을 견디고 지리산에서 쏟아지는 물줄기에 휩쓸렸다. 세찬 바람에 가지가 잘려 나갔고 환경에 적응하기 위한 몸부림으로 햇빛을 쫓아 틀어지고 꺾여 있었다. 그것들은 휘어지고 용틀임하듯 옆으로 뻗으면서 서로 엉켜 버팀목이 되어 주고 있었다

번듯하게 자랐다면 좋은 목재가 되었을 오랜 연륜이 느껴지는 소나무들이다. 헐벗고 가난했던 시절에는 배고픔을 면하기 위해 땔나무로 베어졌을 소나무, 한국동란 때는 총알받이가 되어 마을을 지켰을 못난 소나무들이다. 생존을 위해 스스로 굴곡진 모습으로 자유롭게 자란 덕에 살아남았고 삼산마을 꼬맹이들에게는 좋은 놀이터가 되었을 것이다. 어른이 된 그들에게 아름다운 추억의 장소가 되어있는 숲은 지금 '산림유전 보호림'으로 귀한 대접을 받고 있었다. 서로가 버팀목이 된 소나무를 보며 숲길 쉼터에서 본 고목의 버팀목이 떠올랐다. 나는 지금 어떤 버팀목으로 이 자리에 서 있을까?

몇 년 전 구십 중반의 엄마가 넘어져 허리를 다쳐 시술을 받으셨다. 그 몸으로 당당히 생활하시던 엄마가 몇 년 후 또 허리를 다쳐 입원하였다. 엄마는 딸 여섯에 아들 둘을 낳았지만 아들 둘은 먼저 보내고 딸 다섯은 하나씩 자기 살 곳을 찾아 엄마 곁을 떠났다. 시끄러웠던 집안은 조용해졌다. 외로움에 익숙하던 엄마는 퇴원하면서 당신 집만을 고집해 할 수 없이 당신 집으로 모셨다. 엄마와 가깝게 살고 있던 나는 자연히 엄마를 돌보게 되었다. 딱히 정해진 일이 있는 것도 아니었지만 날마다 엄마 집으로 출근하는 일은 버거웠다. 우리 집으로 옮기기를 권해도 할머니가 떠나시고 아버지가 떠난 곳이니 당신이 지키고 당신도 여기서 떠나야 한다는 그 고집을 꺾을 수가 없었다.

장마가 계속되던 여름날, 안 가겠다 버티는 엄마를 모시고 우리 집으로 왔다. 얼마가 될지 모르는 남은 기간 '죄짓지 말자. 후회될 짓 말자.' 스스로 다짐하며 일 년을 넘겼다. 그렇게 고집이 세고 당당했던 엄마는 내 손을 잡으며 "고맙다."를 반복했고 난 "염려하지 마! 내가 잘할게요."라며 엄마를 안심시켜 드렸다. 그러다가 엄마가 또 넘어졌다. 감당할 수가 없었다. 어쩔 수 없이 병원으로 옮기며 오직 내 편인 엄마 손을 뿌리쳤다. 그날은 하늘에서 종일 비가 내렸다.

솔숲은 삼백 년의 굴곡진 세월을 견디어온 소나무가 서로 어우러져 있다. 뿌리를 드러낸 채 서로 버팀목이 되어준 고목을 보면서 그들에게서 함께 더불어 살아가는 모습을 배운다. 내가 뿌리쳤던 그 손이 나의 버팀목이고 붙잡힌 내 손은 엄마의 버팀목이었음을 뒤늦게 깨달았다. 나는 서로 엉켜있는 소나무를 바라보며 지난날을 그리워하고 있다.

4부 버킷리스트

오늘도 비가 옵니다

그 사람을 떠나보내던 날 슬픔을 달래주듯 마음을 적시는 봄비가 촉촉이 내렸다. 가족 품에 더 머물고 싶어 하는 엄마를 병원으로 옮기던 날도 엄마의 마음을 대변하듯 이른 장맛비가 내렸다, 그쳤다를 반복하고 있었다. 무정한 딸은 그 마음을 모르는 듯 하늘을 쳐다보며 자식으로 할 짓이 못 되는 요양병원 낯선 침상에 떼어놓고 떨어지지 않는 걸음으로 죄인처럼 나왔다. 밖에는 소낙비가 내리고 있었다. 무너지는 마음과 죄책감으로 눈물인지 빗물인지 앞을 가려 발걸음을 뗄 수가 없었다.

그 후 코로나19로 익숙하지 못한 사회적 규제에 따라 면회도 할 수가 없어 엄마의 근황을 볼 수 없는 답답함은 죄의식을 가중시켰다. 근황이라도 들을 수 있는 병원으로 옮기기로 한 그날도 새벽부터 비가 오고 있었다.

엄마가 김장하는 날은 어김없이 눈이 내렸다. 따뜻했던 날도 김장을 시작하면 눈발이 날리고 기온은 뚝 떨어졌다. 아들처럼 여기던 사위를 앞세워 배추를 나르고 배추에 소금을 뿌려 간을 하면 오히려 나는 그 추위를 즐기듯이 "우리 집 김장 날인데 당연히 눈발이 날려야지. 김장은 이렇게 추운 날 해야 제맛이 나는 거야." 하며 스스로 기압을 넣고 그 사람 눈치를 살피며 빨개진 손으로 진두지휘하는 엄마에게 힘을 실어 주었다.

그 뒤 많은 세월이 흐른 후 김치 냉장고가 들어오고 엄마는 세월 흐름에 뒤로 물러서게 되었고 그 중심이 내가 되어 배추 간하던 것을 건너뛰고 씻어온 배추로 김치를 담그고 날짜까지 앞당겼다. 그런데도 여전히 김장하는 날은 첫눈이 내리더니 금년은 비가 오고 있었다.

비와 나는 무슨 인연일까? 비가 나를 부르는지 내가 비를 부르는지, 나는 비가 오는 창밖을 내다보고 운치를 느끼며 빗소리 듣는 걸 즐긴다. 떨어지는 빗방울 소리가 화음 있는 음악처럼 들리고 복잡하고 잡다한 생각들은 차분히 씻기는 듯해 마음이 편해진다.

나뭇잎에 맺혀있는 망울망울 투명한 빛을 낸 빗물 방울을 보면 망상 속에서 유리알 같은 보석으로 실을 꿰어 목걸이를 만들고 반지를 만들고, 어린아이처럼 비를 맞으며 자유로운 영혼이 되어 빗물을 따라가고 싶었다. 오늘 나를 부르는 비는 낭만과 운치보다 슬프고 쓸쓸하고 허허로운 화음으로 내 마음을 만져주는구나.

이른 봄날 씨앗을 뿌려놓은 농부들에게는 간절히 기다려지는 비. 때로는 이른 장맛비로 쏟아지는 빗물 따라 어린 모 따라갈까 애간장 녹이는 비, 여름 가뭄에는 너나없이 타들어 가는 들녘을 보며 목을 쭈~욱 빼고 하늘을 쳐다보고 애태우며 기다리는 비, 어느 때는 기쁨이 되지만 때로는 삶의 터전과 생명까지 앗아가고 어느 때는 생명수가 되는 비, 때에 따라 기다리다, 지겨웠다, 즐거움을 주고 낭만까지 덤으로 주는 비.

난 지금도 낙엽 지는 가을날, 투명한 비닐우산을 쓰고 장단 맞추어 떨어지는 빗소릴 들으며 노오랗게 물든 은행나무길을 걷고 싶다.

오늘도 비가 옵니다. 콧줄로 산소공급을 받으며 때를 기다리는 엄마의 영혼을 부탁하는 예배를 위해 가는 길 위에 살포시 가랑비가 내리고 있습니다.

내가 호흡하는 한 벗어버리지 못하고 풀지도 못하는 삶의 멍에 위로 내렸다 그쳤다를 반복하는 애꿎은 겨울비가 내립니다.

행복하세요

나이가 든다는 것은 그냥 얻어지는 것이 아니다. 그 속에 희로애락이 녹아있어 모든 것을 수용하고 받아들이며 조급함도 뒤로하고 인내심과 평온의 여유로움을 느낀다.

젊은이들의 자극적이고 감각적인 노래보다 두루마기를 곱게 차려입고 한 맺힌 음색으로 소리하는 장사익 님의 노래가 가슴을 울리고 뱃속에서 우러나 심금을 울리는 판소리에 어깨가 들썩인다. 아이들의 엉뚱한 투정도 마냥 귀여워 행복해하는 눈으로 보는 것도 연륜에서 나온다.

겨우내 가물었던 대지 위에 꽃샘추위도 물리치는 봄비가 내린다. 단비를 머금은 나무들도 기지개를 켠다. 아이들은 신학기가 시작되고 농부들 일손이 바빠지는 생동하는 봄의 시작이다. 한때는 여성이 운전대에 앉아있으면 짓궂은 남정네가 "여자들 집에서 밥이나 하지." 했던 시절이 있었다. 곱지 않은 눈길이 따가웠던지 퇴근길 차 뒷면에 "나 밥 하러 갑니다."라는 푯말도 보았다. 오늘날 세월의 변화로 여성들의 사회 진출로 분주히 살아가는 현실에서 과감히 묻고 싶다. "당신은 행복하세요?"

내가 아이를 젖 물리고 있을 때 이웃집 아주머니 "참 좋은 때다." 하시면 난 "힘들어 죽겠는데 이 아이가 언제 자라지?" 했었다. 또 아이들과 밥상에 둘러앉은 모습을 보고 "참 좋은 때다."시며 그윽한 눈으로 바라보시면 설거지통에 수북이 쌓인 그릇들을 보면서 투정했다. 큰아이 초등학교를 보내고 부풀었던 꿈은 아이의 꿈이 아닌 내가 이루지 못한 꿈을 아이에게서 얻으려 했다. 아이들이 결혼할 때는 더 채워주지 못한 안타까움에 머릿속이 하얬다.

늦은 결혼에 아이를 키우는 작은며느리가 "애들 언제 커요?" 했었다. 잠깐 사이 어엿한 중학생이 되어 있다. 지금은 그렇게 힘들어하는 엄마들을 보면 "참 좋은 때다." 지나고 보면 그때가 좋은 때라 말하며 힘을 실어준다. 왜 사람은 자신의 자리에서 힘겨워하고 행복을 느끼지 못하는 걸까. 현재의 어려움을 힘겨워하면서 그 속에서 희망을 꿈꾸고 있다. 세월이 흐른 후 힘겨웠던 지난 일이 추억 되어 그때가 행복했다고 미소 짓게 하는 것은 그냥 얻어지는 게 아닌듯 싶다. "행복하세요?" 누가 물으면 "행복해요."라 답하리라. 산수가 가까워지도록 누군가 간절히 바라는 기적들을 난 날마다 시간마다 분마다 맛보며 살아왔음을 감사한다. 죽음을 앞둔 사람들의 모습과 살아온 날들을 뒤돌아보며 남은 삶 오늘, 지금, 내가 무엇을 우선으로 살아가야 할까를 배워가며 삶의 가치관과 목적이 달라짐을 느끼게 한다. 나 자신과 싸움에서 이겨내고 자족하고 감사하지 않으면 행복할 수 없음도 배워간다.

클라크 게이블

"다른 사람은 해가 지면 서학동 다리를 건너오는데 너희 아버지는 다리를 건너갔다."

엄마의 푸념이었다. 두 분은 아버지 스물두 살 어머니 열아홉에 결혼을 하셨다. 할머니가 외가에 직접 찾아가 떼를 쓰다시피 하여 혼사를 치르고 우리 팔 남매를 낳았단다. 아버지는 우리 형제들을 낳았을 때도 세균 침입한다고 안아주신 적 없이 한발 뒤에서 바라보기만 하셨다고 한다.

지금도 기억이 생생하다. 손발 씻고 외출 시 속옷 갈아입으시고 돌아와서 갈아입으시고 주무실 때 또 갈아입으셨다. 항상 머리 한번 흐트러짐 없이 단정하셨다. 할머니는 칠 남매 장손인 할아버지와 결혼하셨다. 할머니의 어머니는 천주교를 믿었고 오라버니는 군수로 계셨으나 해방 후 친일파로 몰려 어머니 시신도 오라버니 시신도 찾지 못했다 한탄하시던 모습이 지금도 선하다. 할머니는 밤에는 달을 보고 보리방아 찧으며 많은 식구를 건사하셨다. 할머니는 아버지를 낳으시고 그 후 오 형제를 낳았다.

할아버지는 키가 헌출하시고 승마를 하셨다. 지프차를 타고 오시고 인력거를 타고 망토를 입으셨던 모습으로 기억된다. 할머니의 기세는 치마만 두른 여장부셨다. 작은아버지는 일본에 유학을 보내셨으나 아버지는 귀하고 소중한 장남이라 멀리 보내지 못하고 전주고등학교를 졸업하셨다.

아버지 본적은 옥구군 옥구면 상평리다. 할아버지의 아버지 때부터 큰집 작은집들이 오손도손 살던 곳이다. 작은아버지가 병으로 돌아가시자 할머니는 전주 집을 아버지께 맡기셨다. 아버지 주위에는 항상 많은 사람이 들끓었다. 아버지는 술을 좋아하셨고 욕심도 없고 멋과 풍류를 즐기는 분이셨다. 할머니 보호에 싸여있던 아버지는 맡겨주신 사업을 주위 사람들 속임수에 넘어가 지키지 못했다. 할머니는 사업을 지켜내지 못한 아버지보다 어머니를 더 원망하셨다. 아쉬워하실 때 "왜 아버지에게 맡겨놓으셨느냐." 물으니 "나 하는 것 보았으니 잘 이어갈 줄 알았다." 하셨다. 아버지에게는 회복할 수 없는 실수가 되었다.

그러나 아버지는 인심을 잃지 않아 내가 결혼 후에도 내 남편 어깨를 으쓱하게 하는 존경 받는 장인이었다. 아버지는 6·25전쟁 이후 어려운 사람 자녀들 학비뿐 아니라 쌀을 보내주고 빨치산의 괴롭힘으로 인심이 흉흉할 때 파출소나 방범대원들 고생한다며 막걸리나 야식을 보내준 훌륭한 분이라 했단다. 아버지는 직장에 나가셨으나 어머니는 아버지 월급봉투는 구경해본 적이 없었고 월급을 받으면 혼자 쓰기에도 늘 부족하셨다고 했다.

항상 깨끗하고 청결하셨으나 여름이면 무좀과 땀띠, 피부염과 잦은 설사로 고생하시던 모습이 떠오른다. 내가 중학교 때 아버지는 복막염으로 심한 고생을 하셨다. 할머니는 엄마를 뒤로하고 정성으로 간호하셨다. 엄마에게는 무능한 남편이었으나 엄마와 아버지의 다투는 소리는 듣지 못하고 자랐다. 어머니는 바느질을 하면서 아버지 늦은 귀가엔 숯불 화로에 돼지고기볶음과 밥 위에서 쪄낸 조기 옆을 떠나지 않았다.

내가 고등학교를 졸업하고 취업을 해 할머니께 인사차 방문하게 되었다. 그때 상평은 군산에서 아침저녁으로 통근 열차만 다녔다. 아버지의 퇴근 시간에 맞춰 군산역에서 만났다. 아버지는 나에게 아무런 말씀은 없으셨으나 내 앞길을 축복하시던 그 눈빛은 아직도 역력하다.

아버지는 "인간이 살아가면서 참을 수 없이 격할 때 셋만 세어 보아라. 그리하면 살인도 면한다." 말씀하셨다. "영어는 스펠링을 100번 쓰고 외우면 못할 것 없다." 말씀하시며 아침이면 라디오 영어 회화를 들으시고 숙어를 외우시는 모습도 몸소 보여주셨다.

내가 첫사랑의 가슴앓이로 섬에 있을 때 아버지는 농사일을 돕는 아저씨를 앞세워 뻘밭을 맨발로 찾아오셨다. 상처 입은 딸의 마음을 어루만져주시며 진한 소주 한 잔을 따르시고 "인생은 연극이다. 네가 지금 그 연극의 주인공으로 이런 연기가 있어야 명작으로 이끌어가는 장면이 돼." 위로해주셨던 모습이 뭉클하게 떠오른다.

결혼 후 첫 집을 장만하고 아버지 생신 때 친구분들을 초대했을 때다. 내가 결혼하려 할 때 "내 사위가 순사라고 남들에게 어떻게 말할까." 하셨던 아버지가 친구들 앞에서 변변찮은 사위를 칭찬해 주셨다. 퇴직 후 누가 양복 해 줄 사람 없다시며 양복 서너 벌을 맞추어 들고 오신 멋쟁이 아버지다. 등산 장비 챙기시고 인생 황혼기를 즐기시던 시절 친구분들과 모 다방 마담님을 모시고 식사를 하시라며 엄마 몰래 드린 몇 푼에도 흐뭇해하셨다.

허둥대며 살아가는 내 모습을 보고 "사람은 건강이 최고다. 건강을 잃으면 다 잃는 것이니 백 냥 빚을 내 아흔아홉 냥 약해 먹고 건강 얻어 한 냥으로 다시 시작하라." 하셨다.

아버지는 나이가 들어 심신이 약해지고 성정이 강해진 엄마는 섬겼던 아버지에게 당신의 한을 마음껏 쏟아내어도 그냥 허허 웃으셨다. "그니까 젊어서 엄마에게 좀 더 잘하지 왜 그러셨어." 하니 "그때는 아무것도 몰랐지." 하셨다.

94세 할머니를 보내드리고 몇 년 후 큰아들을 앞세우고도 그 허탈한 마음을 손 씻고 발 씻으며 쓸어내리시던 아버지, 고모부와 염전 관계로 많은 주식을 포기하라 권하실 때도 얼굴 하나 붉히지 않으시고 응하셨던 욕심 없고 착하기만 했던 아버지는 젊어서 복막염 외 큰 병 없이 지내시다 78세 나이에 보름쯤 앓으셨다. 병원을 가자는 자식들의 권유도 거절하시고 목사님의 찬송과 기도를 들으시며 하늘나라로 떠나셨다.

어머니에게는 애증의 기둥이고 동생들에게는 한없이 무능한 아버지로 기억되나 나에게는 조선 선비같이 점잖고 〈바람과 함께 사라지다〉의 주연배우 클라크 게이블처럼 멋진 아버지다. 당신 자신은 부끄러움 없이 덕을 세우고 복 받은 삶을 살았노라 말씀하시고 못내 아쉬워하며 "80은 채워야 하지 않겠느냐." 하시며 삶의 애착을 보이셨다. 이제 내도 그 나이가 되어가고 있다.

삼십 년이 넘는 세월이 흐른 지금 잊은 줄 알았던 아버지 말씀들이 침묵의 말로 되살아난다.

길을 잃은 것들

카톡에 꽃다발과 쇼핑백 두 개가 계단 층계 밑에 놓인 사진이 글과 함께 떴다. "옛날 옛적 어떤 바보 같은 여인이 살았어요. 이 여인은 머리가 하얗게 변하였고 남의 말을 듣기만 해도 이치를 깨닫는 육십이 훨씬 넘은 어느 생일날 꽃바구니를 선물로 받았더래요. 부끄럼 많은 이 여인은 난생처음 받아보는 꽃바구니를 어떻게 했을까요.? 꼭 답 주세요." 스무고개도 아닌 이 질문에 "생일? 선물도 받았구만. 나 같으면 감격에 행복해하면서 나도 이런 때가 있네 할것인데 그대는 아마 이런 것 필요 없어 하며 쏘았을까? 아니면 잘못 배달 온 걸까?" 하고 답을 보냈다.

폰이 울린다. 가슴에서 우러난 웃음인지 헛웃음인지 친구 몇 명에게 물어도 아무도 답을 맞힌 사람이 없다며 콩트 아닌 가슴에 맺힌 이야길 한다. 26세에 결혼해 40년 세월을 살면서 25년 시어머니 뇌경색 수발을 하였고 생일이라고 꽃다발 케이크 한 번 받은 적 없었다 한다.

아이들 셋을 낳았지만 그 아이들 자랄 때도 어른들이 조심스러워 생일이라고 그 흔한 케이크 한 번 잘라준 적이 없었다. 아이들이 성장해서 가정을 이루고 언제인가 엄마 등산화 사야겠다는 말을 귀담아 듣고 생일선물이라며 단골 가게에서 구입하니 그곳 사장님이 꽃바구니를 보내온 것이란다.

그이는 꽃바구니를 들고 어찌할 줄을 몰라 소파 밑 한쪽에 숨기듯 놓았는데 구십을 바라보는 시아버님 그 꽃을 보시고 "애야, 네가 그렇게 속이 깊은 줄 몰랐다."시며 이른 아침에 그 꽃바구니를 들고 당신 어머니와 마누라가 함께 누운 그곳에 갖다 놓으셨다는 콩트도 개그도 아닌 현실 이야기를 하고 있었다.

시어른 기일에 묻혀 생일이 겹친 본인 생일은 단 한 번도 챙길 수 없었다 한다. 층층시하 역시 아이들 생일도 챙길 수 없었다는 한 맺힌 한 여인의 바보 역사를 들었다. 요즈음 젊은이들에게는 이해할 수 없는 엄마들 삶 이야기다. 더구나 여자 생일이 초순이라 팔자가 세다 해서 늘 조심조심 소리 없이 살았다는 고백에 괜히 아려오는 마음과 웃으면서 이야기하는 그 바보의 씁쓸함을 읽을 수 있어 난감했다.

내가 결혼하고 시이모님이 찾아오셨다, 이모님은 갑작스럽게 보낸 언니를 그리워하며 시어머니의 역사를 밤이 늦도록 이야기해 주셨다. 그 시절 처녀공출을 피하려 열네 살 어린 나이에 시어머니는 시집오셨다. 시집온 후 얼마 안 되어 작은부인을 들였고 시어머니는 사랑채에 군불 때주며 밥상을 바쳤다 한다. 그나마 막내인 내 남편 세 살 때 시아버지는 돌아가셨다고 한다. 그 세 살짜리 꼬마가 성장해서 장가들었는데 언니는 그것마저 보지 못하고 말았다며 아쉬움으로 담배 연기를 하늘을 향해 품어내고 있었다. 그때 난 철이 없었다. 그저 그랬구나 했을 뿐이다.

술을 좋아하던 남편은 칠십이 넘고 팔십을 바라보면서 가끔 어린 시절 이야기를 했다. 아버지가 지병으로 누워계실 때 어린 나이지만 기억하는 것은 어머니는 늘 약탕기 앞에 계셨고, 작은어머니는 절에 다니며 빌었다 했다. 안방에는 아버지가 어머니에게 해

주신 앞닫이가 있었고 그 앞닫이에는 아버지 약재와 중의 적삼도 있었다 한다.

언제인가부터 그 앞닫이는 작은집으로 옮겨갔고 남편은 그것이 왜 그 집에 있느냐며 아쉬움을 종종 토해내곤 했다. 어머니의 한 맺힌 생을 앞닫이를 보면서 그리워하던 아들의 마음을 그 사람을 떠나보낸 뒤 헤아려 보았다. 오십 년을 함께 살아오면서 작은집에 대한 서운함을 한번도 내뱉지 않고 티 없이 항상 좋은 관계로 이어왔다. 그래서 그 속에는 응어리가 있는 줄 생각 못했다.

남편은 그것이 어머니에 대한 아버지 사랑의 정표라 여겼을까? 그것을 손때묻은 어머니라 여겼을까, 작은집으로 옮겨간 그것은 어머니 영혼까지 앗아간 것이라 생각했을까? 갑작스럽게 떠나신 어머니 나이보다 더 많은 나이에 바라본 그것은 너무도 일찍 잃어버린 부모님을 향한 그리움이었나 보다.

그 사람을 떠나보낸 뒤 신발장을 정리했다. 아직 상표도 떼지 않은 운동화 두 켤레와 구두 두 켤레가 있었다. 새것 신으라 하면 발에 익숙한 낡은 운동화가 편하다 했고, 퇴직 후에는 구두는 발이 불편하다며 번번이 밀쳐 냈었다. 상표도 떼지 않은 운동화를 이웃에게 주면서 이것도 저것도 다 놓쳐버린 마음에 그냥 오도카니 앉아있다.

주인 잃은 꽃다발이 남편 빼앗긴 여인의 아픔에 비할까. 몇 십 년 만에 받아본 꽃다발을 어이없이 잃어버린 허전함을 허허 웃음으로 아쉬워하는 아우에게 카톡으로 꽃다발 한 아름 보내야겠다.

배움의 장

예수병원에 호스피스교육이라는 현수막이 보였다. 호스피스가 무엇인지도 모르면서 교육을 받았다. 봉사라는 개념에 감히 난 넘볼 수 없는 영역인 것 같아 내 어머니를 생각하며 배워야겠다는 자세와 지난날 큰 일 없이 살아온 것에 감사하여 무엇이든 돌려주고 싶은 마음에 시작한 호스피스 봉사였다.

나는 활동을 하면서 봉사가 아닌 또 다른 삶의 지혜를 얻고 인생을 배우며 사람이 진정한 가치관을 어디에 두는가를 깨닫는 큰 축복의 시간이 되었다.

지난날을 뒤돌아보면 모순된 삶으로 이웃이 물어보면 선뜻 봉사라는 말을 하지 못하고 "응. 인생 공부." 하면서 지내온 세월이 십오 년이 넘는다.

호스피스는 죽음을 앞둔 환자의 삶의 질을 높여 편안한 삶을 살도록 통증 및 신체적 돌봄, 심리적, 사회적, 영적으로 죽음의 두려움 등 고통을 경감시키며 환자의 마지막 나날을 가능한 즐겁게 만들어주는 의학적 완화의학이다.

환우분들의 인생이라는 연극무대의 커튼이 내려지는 모습 속에서 죽음이 아닌 나의 삶이 시작됨을 배워간다. 그분들의 마른 손을 잡아주고 다 하지 못한 이야기를 들어주며 부은 발을 마사지 하면서 그분들을 통해서 위로를 받고 용기를 얻고 힘을 얻는다.

통증을 호소하며 못견뎌 할 때는 함께 울어주고 함께 아파하는 안타까움, 한번은 모든 것을 거절하고 마음 문을 닫고 찾아주는 이 없는 외로운 환우분에게 잠시라도 따뜻한 정을 나누고 싶었다. 여러 번 노크해도 마음 문을 열지 않아 "내가 선생님을 한 번 안아주고 싶은데요." 하니 쳐다보지 않던 분이 겨우 몸을 틀어 팔을 벌렸다. 힘껏 안으며 깡마른 얼굴에 얼굴을 비벼주며 "주님의 이름으로 사랑합니다. 힘내세요." 하니 "고맙습니다. 힘이 납니다." 했다. 일주일이 지난 뒤 그 침상은 다른 분이 누워 있었다.

간병하는 어머니가 힘들다며 사슴 같은 맑은 눈을 껌벅이며 통증을 참아내던 착한 딸, 아들 대학까지만 보면 여한이 없다던 어머니의 애절함, 아들 초등학교 입학하는 모습 볼 수 있을까 물어오던 꽃다운 새색시. 이혼한 남편 마지막 가는 길 정성으로 섬겨주는 분에게 "이렇게 어려운 일을, 정말 훌륭하세요." 하니 "애들 아버지니까 이 사람이 내 자식을 선물로 주었는 걸요." 천륜과 마지막을 지켜야 할 윤리도 보았다. 환우분 한 사람 한 사람은 다 사연이 있고 애절함이 있다.

사람은 누구나 한 번 왔다 가는 것이 정한 이치이지만 지금도 누군가 이렇듯 애절하게 바라는 내일을 우리는 당연한 양 살아간다. 죽음 앞에서는 가진 자의 교만도 명예도 지식도 잘남도 못남도 피할 수 없는 일, 그 순간에는 그 사람이 살아온 모든 것이 낱낱이 들추어져 절대 기만하고 숨길 수 없이 밝혀져 유리알처럼 투명하게 드러나 보인다.

이 모습을 보면서 이제까지 살아온 내 모습도 보게 된다. 주어진 삶을 그대로 받아들이지 못하고 갖지 못한 것에 집착했으며 내가 세워놓은 기준으로 남을 평가하고 오히려 상처받았다 원망하고 불평했다. 그것 또한 내가 부린 욕심이요 허상임도 알았다.

또 삶의 끝에서는 내일보다 오늘이 잠시 후보다 지금 이 순간이 내 인생에 가장 소중함도 알았다. 사랑하고 감사해야 할 것이 무엇인지 못 보고 놓친 것은 없는지 뒤돌아보고 반성한다.

그들과 호흡하고 살아가면서 나와는 거리가 멀다 느꼈던 교만에 고개 숙인다. 이제 나에게도 한 발 더 성큼 다가왔는데 불쑥불쑥 찾아온 이중적인 내면이 드러나면 스스로 낮추고 나를 사랑하련다.

인생의 여정이 끝이라 절망할 것도 시작이라 자만할 것도 없이 타인의 외로움도 따뜻이 보듬으며 아름다운 마무리 여유로움과 용서와 사랑으로 채워 가고 싶다.

버킷리스트

버킷리스트란 죽기 전에 꼭 해보고 싶은 것이란다. 늘 쫓기는 듯 생활하면서 죽기 전에 하고 싶은 것을 생각해보기로 했다. 하루하루 주어진 틀 안에서 접을 것은 접고 포기할 것은 포기하고 환경에 벗어나는 것은 눈을 떠보려 하지도 못했다. 나 자신은 그런대로 잘 살았다 생각하고 누가 행복한가 물으면 "네 행복하지요." 했는데 지금 생각하니 나는 없었다. 안쓰러운 생각이 든다. 내가 무엇이 하고 싶은지 적어보기로 했다.

첫째, 온 가족이 함께 교회 나가 예배드리기

둘째, 남편과 공유하며 긍정적인 대화하기

셋째, 내 인생 이벤트

우리 교회 교육관이 새로 세워지면서 카페가 생겼다. 한쪽엔 작은 무대에 피아노도 놓여 있다. 항상 클래식 음악이 잔잔히 흐르고 언제라도 편히 앉아 쉴 수 있는 소파와 의자들은 아늑하고 예쁘게 주인을 기다린다. 따뜻한 커피라떼 한 잔 앞에 놓고 계절에 따라 변하는 나무들의 군무에 조명을 받으며 꿈을 꾼다. 깔끔하게 단장된 카페에서 내 인생 이벤트를 열고 싶다. 순간 저 가슴 깊은 곳에서 뜨거운 감사의 열정이 솟아오른다. 주님! 감사합니다.

프로그램이 필름처럼 돌아간다. 큰며느리와 딸에게 "내가 칠십이 되면 엄마 살아온 이벤트로 우리 가족 음악회를 열자꾸나. 플루트 배우는 큰손녀, 클라리렛 배우는 손자, 난 에벤에셀 하나님 임마누엘 하나님 여호와 이레 하나님께 감사 찬양을 드리고 싶다. 가족 모두 사철에 봄바람 불어있고 합창하며 하나님께 감사 영광 돌리자." 하니 "네~ 어머니 부지런히 연습 시킬게요." 하던 며느리가 잊었는지 칠순은 벌써 지났는데 아직 아무 말이 없다.

난 아직도 내 인생 이벤트를 접지 않고 꿈을 꾸고 있다.

넷째, 가족사진 찍기

이 년 전에 열네 명이 이룬 그 사진은 내 보물이 되었다. 남편은 "어이, 우리 둘이 시작해 이렇게 많은 가족이 생겼네." 하며 흐뭇해한다.

다섯째, 피터팬처럼 상상의 날개를 펴고 동화 나라를 나는 자유로운 영혼이고 싶다.

잔잔한 들꽃, 노란 민들레가 피어 있는 동산에서 한 마리 나비가 되어 날고 싶고, 푸른 하늘, 푸른 들을 날며 지저귀는 새도 되고 싶다. 구속받지 않고 가슴 조이지 않고 쫓기며 갇힌 굴레를 벗어던진 영혼, 친구들과 밥을 먹어도 먼저 지갑을 열고 시침 떼는 여자, 늦은 귀가에도 웃으며 맞아주는 남편의 환대를 받는 여자이고 싶다.

나는 사우나를 참 좋아한다. 사우나실에서 시계를 곁눈질하며 쫓기는 수다가 아닌 사사로운 삶 이야기 세상 흐름의 정보를 얻으며 계절 따라 변하는 대화, 김장철이면 배춧값이 어쩌고 추우면 추워서 더우면 더워서 삶의 애환을 주고받으며 부담 없이 주고받은 대화 속에서 옆에 있어 주는 사람이 위로이고 선물임을 맘껏 누리고 싶다.

난 새벽예배를 마치고 사우나를 간다. 남편은 못마땅해 말도 안 한다. 눈치를 살살 보며 “밥 챙겨 주러 늦을까 봐 정신없이 왔네.” 하면서 난 여전히 반복한다.

비 오는 날 신발도 벗은 채 비를 흠뻑 맞고 눈 오는 날 눈사람 되어 덩하니 걷고 싶다.

다섯째, 나누는 삶 살기, 받은 은혜 감사해 십육칠 년 호스피스 사역하면서 많은 걸 배웠다.

여섯째, 한국무용 배우기, 입버릇처럼 “난 한국무용을 배워 살풀이를 추고 싶다.” 말했다. 지금 영화의 거리 고사동에서 가게를 차리고 파리를 쫓으며 같은 종목 이웃집을 기웃거릴 때 옆집 건물 주인으로 친구가 살고 있었다. 살풀이를 배운다며 촉촉한 눈망울로 수건 끝에 인생의 한을 담아 던졌다 당겼다. 그 속에 의미가 있다고 말해 주었다. 친구는 고대광실 고층 넓은 집에서 가슴에 한을 견디지 못하고 돌싱으로 돌아왔다. 깍두기가 맛있다며 “어떻게 담갔어?” 물어오던 친구, 호박잎을 쪄놓고 불러대던 친구였다.

살풀이에는 인생의 한이 담겨 있단다. 나도 풀어내지 못한 삶의 한을 너울너울 춤을 추며 수건 끝에 풀어내 춤으로 승화하고 싶다. 우리 가락 우리 민요를 부르며 못다 이룬 사랑 타령도 하면서.

일곱 번째, 손자 손녀와 지점토로 놀아주기, 본이 되어 주는 권사님이 계신다. 마음 씀씀이가 비단결, 바다보다 넓고 깊다. 권사님은 언제나 먼저 지갑을 연다. 언제나 누구에게나 헌신적으로 희생하고 소리 없이 봉사에 앞장서 본인 일처럼 성의를 베풀고 해결해준다. 이유 없이 챙겨주는 따뜻한 마음이 늘 고마웠다. 돌보아주는 외손녀가 병원에 있다는 소식을 접하고 무엇인가 보답하는 마음에서 케이크를 들고 찾았다.

손녀와 침상에 있는 탁자를 펴고 솜씨 좋은 권사님은 점토로 모양을 만들고 있었다. 별, 꽃, 콩, 고추, 돼지, 아이들이 좋아하는 캐릭터 인형들, 잠자리, 장미꽃다발, 한 상 가득 차려있다. 그것들을 만들면서 한 식구가 되어 이야기하고 놀고 있었다. 이것이 무엇이냐 물으니 클레이란다. 난 클레이란 놀이 물건이 있는 줄도 몰랐다. 마음과 정성을 들여 아이를 본다 하면서 이런 놀이는 생각도 못 했다. 부끄럽고 애들에게 미안했다. 돌보고 있는 둘째네 애들에게 당장 실행하고 싶었다. "이런 건 어디서 사는 거야?" "완구점." "응~." 전화벨이 울린다. "교회 어느 장소에 아이클레이 있어요. 가지고 가세요." 내가 완구점 방문도 하기 전에 클레이를 챙겨 주신 권사님께 놀라고 고마운 마음을 표현도 못 하고 말았다. 그 고마운 마음은 이렇듯 따뜻한 가슴으로 기억하고 있다.

주일이 지난 뒤 찾아온 손녀에게 "이것 봐라. 할머니 친구가 너랑 놀라고 사주셨다. 고맙지?" 내 말에는 아랑곳없다. 와~아 주무르고 비비고 배워 정성 들여 권사님처럼 만들어 보지만 흉내도 낼 수가 없다. 손녀가 더 예쁘고 정교하게 만들고 있다. 꽃도 만들고 인형도 만들어 권사님처럼 이야기도 해 보이며 즐거운 시간을 보냈다. 훗날 이 할머니를 생각하면 추억의 한순간이 되려나?

여덟 번째, 배움의 끈을 놓지 말자. 교육원 문을 두드렸다. 심리상담 이 년, 인생노트 이 년을 다녔다. 이제 글쓰기를 배워볼 것이다. 신춘문에도 꿈꾸고 책도 내 볼 것이다.

행하고 나면 하나씩 지우고 생각나면 더 적어가고, 이루지 못한 것도 있겠지. 그러나 남편과 나란히 앉아 예배드리는 것은 하루 속히 꼭 이루고 싶다. 하나 더 팔십이 되어도 여자이고 싶다.

장가계를 다녀와서

북소리 회원과 몇몇 권사님들 모두 19명은 3박 4일 장가계 여행을 다녀왔다. 장가계는 10월이 성수기라 하는데 비용이 절감될 수 있다는 유혹에 추석을 일주일 앞두고 MBC 투어 인솔로 9월 7일 오후 3시 하서방 앞에서 출발하였다. 우리 팀 19명과 다른 팀 13명 모두 32명은 청주 공항에 도착하였다. 공항에서 중국 전세기로 19시 45분 이륙하여 22시 15분에 장가계 국제공항에 도착하였다.

특별히 우리 팀을 전담한 현지 교포 가이드가 마중을 나와 우리를 인솔하였다. 오성급 호텔에 2인 짝을 지어 첫 밤을 보냈다. 호텔은 깨끗하였고 종일 기대와 설렘으로 지쳐있는 몸을 푹신한 침대에 맡긴 내 짝 순자 성은 마치 영화에서 나오는 잠자는 백설공주 모습 같았다.

다음날 6시 30분에 식사를 하고 7시 출발이라는 가이드 말에 잠은 설치고 알람이 울리기 전 눈을 뜨고 약속 시간보다 먼저 나갔다. 우리 일행 모두는 형형색색 옷을 입고 밝고 상기된 얼굴로 인사하고 아침 식사를 하였다. 호텔 뷔페식으로 이른 아침 시간인데 신기하게도 밥이 먹혔다. 일 년 중 200일이 넘게 비가 온다는 장가계 날씨라는데 다행히 비가 올 것 같지는 않았다. '우리 신일교회 전통은 오던 비도 그친다.'라는 주문을 외우고 첫날 여행을 시작하였다.

9월 8일 '사람이 태어나 장가계를 가보지 않았다면 100세가 되어도 어찌 늙었다 할 수 있겠는가.' 라는 말이 있을 정도로 아름답다는 장가계 관광에 나섰다. 버스를 타고 40분 장가계 국가삼림공원에 도착하여 탑 앞에서 사진을 찍었다. 장가계 국가삼림공원 천자산, 황석채, 금평계곡, 5경 중 하나로 세계에서 가장 아름다운 계곡 중 하나라는 금평계곡을 걸으며 우리나라 지리산계곡, 무주구

천동 계곡을 떠올렸다. 우리 것은 공기도 맑고 하늘도 푸른데. "우리 것이 훨씬 좋구먼…."

장가계에서 황석채를 가지 못하면 장가계에 온 것이 헛일이라 말하는 황석채다. 황석채는 역사의 인물로 누군가가 도망해 숨은 곳이 장 씨의 집성촌 장가계다. 그곳에서 사경을 헤맬 때 구해준 이가 그 인물로 스승 황석공인데 도를 닦으며 나무 울타리를 만들어 살았다는 뜻으로 채라 했단다. 황석공은 한나라 건설에 크게 이바지한 사람이란다.

신이 내린 그림 같은 풍경들을 보고 그 속에 파묻혔던 감동을 그대로 담아내지 못한 글솜씨가 죄송스럽고 안타깝기 그지없다. 절경을 이루는 구름과 안개 속에 신비롭게 솟아있는 봉우리들은 신비로움. 자체였다. 버스를 갈아타고 걷고 계단을 오르고 가는 곳마다 눈으로 보이는 곳마다 입이 벌어져 감탄이 절로 나왔다. 산 높이와 바위산 높이가 한국과는 완전히 달랐다. 천자산, 유리잔도, 귀곡잔도, 아래는 온통 구름, 그 구름 사이로 높은 산들은 서로 자태를 뽐내고 우리는 산 아래를 내려다보며 그 구름 위를 걷고 있는 것 같았다.

유리잔도는 산을 파서 유리로 다리를 놓고 천 길 낭떠러지가 보이는 곳, 우리는 그 위를 빨간 덧신을 신고 걸어가는데 생각보다 무섭지 않았다. 유리 잔도를 지나 돌아간 귀곡잔도는 산 사이사이 낭떠러지를 깎아 크고 작은 절벽 위에 다리를 놓아 길을 만들어 아찔했다. 그곳은 군사 도로로 쓰였던 곳이란다. 대 중국이라는 곳어 또 한 번 놀라움을, 산 정상에 육기각이라는 누각이 있는데 날아갈 듯한 여섯 개 지붕이 있어 육기각이라 하고 육이란 하늘, 산, 물, 나무, 사람과 동물을 상징한다. 원숭이와 뱀이 많아 숲속에 함부로 들어가서는 안 될 곳이라고도 했다. 여행 중 걱정거리가 식사였는데 한국 관광객이 많은 탓인지 거부감 없이 먹을 수 있어 다행이었다.

전동기를 타고 십 리 이상을 갔다. 십리 화랑 양쪽의 풍경들은 동양화 그림에서나 볼 수 있는 우뚝 솟은 광경이 병풍처럼 둘러있어 하나님 찬양이 절로 나왔다. 놀라우신 하나님 솜씨, 전설로는 억 년 전 노아 시대에 홍수 뒤 암석으로 이루어진 곳이라 하는데 확실하지는 않다.

버스를 타고 계단을 오르고 케이블카를 타고 절벽산 위에 있는 또 다른 세계, 독일 사람이 만들어 관리하는 세계 최고의 길이 338m의 관광 전용 백용 엘리베이터로 하산하는데 2분, 버스를 타고 걸으며 그 유명한 아바타 촬영지도 쉴 사이 없이 지나갔다. 절로 고개가 숙여지는 엄숙한 대자연 앞에 감탄하며 시조 한 수 읊으며 음미할 시간 없이 눈으로 점찍고, 지친 다리 달래며 어떻게 돌고 따라는지 모르게 걷고 또 걷고 버스에 몸을 싣고 산정호수 보봉호에게 도착하였다.

보봉호는 석회암으로 이루어진 반 자연 반 인공 산 중에 있는 호수로 평균수심 72m, 폭은 좁은 곳은 10m 넓은 곳은 150m로 상위에서 보면 두꺼비가 달을 먹는 모습으로 파란 비취 하나가 기암절벽에 숨어 있는 듯해 보봉호라 했단다. 90년대부터 말레이시아 상인이 관광지로 개발하여 경영하는 호수로 호수 속에 물고기가 보호어종으로 보호받고 있는데 입은 메기, 몸은 악어를 닮고 우는 소리가 아기 우는 소리와 같다고 하는데 아직 본 사람은 없다고 한다. 산수가 뛰어난 곳으로 배를 타고 30분 정도 소요되는 과정에 그곳 원주민 남자와 여자가 이곳과 저쪽에서 서로 청혼가를 부르는 것이 인상적이었다. 선상에서 임금례 권사님 〈애모〉의 노래와 신 집사님이 아내 유명자 권사님의 손을 잡고 〈아내에게 바치는 노래〉는 우리들의 부러움으로 더 감동을 주었다.

저녁을 먹고 뮤지컬 귀빈석에 앉았다. 어마어마한 무대장치에 또 한 번 놀랐다. 뮤지컬 도중 어린아이를 줄로 삼아 빙빙 돌리며 뛰어넘는 줄넘기 장면은 보는 이마다 다르겠지만 흥겨움과 재미가 아니라 인간 학대가 아닌가 싶어 안타까웠다. 나라 없는 토가족들의 사랑과 애환을 뮤지컬로 공연하는데 즐거움보다 한으로 느껴졌다.

밤 열 시가 되어 호텔에 들어와 전신 마사지 서비스를 받고 내 짝 순자 성님 여행 중 잊지 못할 해프닝으로 가방을 잃어버린 사건, 방에 들어와 가방이 없는 줄 알고 "내 가방." 하며 맨발로 뛰어나가 찾지 못하고 다시 뛰어나간 뒤 일행이 주워온 주인 잃은 가방 사건은 아침이 되어 놀란 가슴을 쓸어내며 함께 웃을 수 있는 추억이 되었다.

9월 9일 아침은 호텔식 뷔페로 7시 출발이었다. 장가계 전통대로 비가 왔다. 가이드님의 오랜 경험과 노련한 안내자로 어제 우리를 강행한 덕으로 여유 있는 관광에 나섰다. 라텍스 게르마늄 쇼핑센터를 들러 중국의 십 대 화가 중 생존 중인 화가 이군성사석화 전시관을 볼 수 있었다. 장가계 특유의 돌가루를 이용해 화판에 붙여서 독특한 입체감으로 원근까지 잘 나타내었다. 돌가루로 그림을 그릴 수 있다는 것에 놀라웠다.

토가 풍정원, 중국 소수민족의 토가족 전통문화를 한눈에 볼 수 있었다. 중국 인구 15억 중 55개 소수민족을 토가족이라 하고 그들은 흩어져 나라가 없는데 조선족은 나라가 있어 자부심과 행복함이 있다고 가이드가 설명하면서 "중국에는 200만 교포가 살고 있다. 그들은 한국이 낳았고 중국이 길러주었다." 말하면서 조선족보다는 교포나 동포로 불러주기를 원했다. 우리에게는 잊지 못할 일제의 아픔이 먼 이국땅에서도 민족상잔의 설움으로 떠올라 인정받지 못하고 살아온 교포들에게 또 다른 애정을 느끼게 되었다.

종일 비가 왔다. 비가 와도 지장이 없는 황룡 동굴 속 환상적인 중국 최대 활용 동굴 지하가 아닌 지상에 동굴로 4층까지 있는데 곳곳에 조명을 비추어 그 신비로움은 배가 되었다.

실제로 종유석들이 1cm 자라는 데 100년 가까이 걸린다고 한다. 더 놀라운 것은 동굴 안에 호수가 있어 배를 탔다. 우리는 동굴 속에서 배를 타고 "하나님 찬양, 하나님 찬양, 하나님 찬양합시다." 합창하며 동굴 안을 쩌렁쩌렁 울리며 하나님 솜씨에 놀라고 중국이 관광개발로 관광 수입을 올리는 데 놀랐다. 이제 계단만 봐도 겁이 났다. 계단을 오르고 걷고 배를 타고 퇴근하는 직원을 붙들어 놓은 진주 쇼핑센터 선물도 샀다.

저녁은 중국의 연한 상추에 무제한 삼겹살로 배를 채우고 특별히 MBC에서 베풀어준 전신 마사지 숍으로 이동하였다. 마사지 숍에는 남자 마사지사도 있었다. 전문 마사지사들의 서비스 받으니 온몸이 풀리며 호사를 누린 것 같았다. 여행 중 수다를 떨고 배꼽 잡을 시간 없음이 크게 아쉬움으로 남는다.

9월 10일 마지막 날 비도 그쳤다. 오늘은 6시 30분 출발. 천문산, 장가계 산 중에 가장 먼저 기록된 명산이다. 모두 절벽으로 되어 있고 크고 작은 봉우리는 하늘을 닿을 듯한 환상의 절정을 자랑하였다. 천문산 올라가는 아슬아슬한 길을 여자 기사님이 기술적으로 입구까지 모셔 주었다. 어딜 가나 잠시의 기다림 없이 버스들은 수시로 이동시켜주어 지장 없이 다닐 수 있었다. 생각만 해도 아찔, 다시 내려 가라 하면 못 갈 것 같은 그때를 다시 생각하며 여자 기사분에게 감사의 박수를 보냈다.

천문동은 하늘로 들어가는 문이라는 뜻으로 999개 단이 있었다. 삼국시대 때 천문산 정상 부근이 우연히 무너져 내려 뚫린 자연 굴로 프랑스 에어쇼 단이 비행기로 굴을 통과해 전 세계로 알려져 하루아침에 유명해졌다고 한다. 그 후에도 러시아 에어쇼단

비행기가 굴을 통과했다고 한다.

우리는 7개 또 5개 총 12번 에스컬레이터를 타고 정상에 올라가 30분 정도 케이블카를 타고 정류장까지 내려왔다. 내려오면서 눈 앞에 펼쳐진 아름다운 절경을 보니 한 번 다녀간 사람이 다시 가고 싶다고 말한다는 곳, 중국 사람이 가봐야 할 곳이라 말에 공감하였다.

중국이라는 곳은 알면 알수록 웅장하고 거대한 나라인 것 같다. 3박 4일 여행 중 우리 모두 뒤처진 사람 없고 주저앉은 사람 없이 무사히 마치고 돌아왔다. 좀 더 머물고 싶어도 가이드 재촉에 자유롭고 즐거움을 만끽하며 여유를 갖지 못함이 못내 아쉬움으로 남았다.

칠십 평생 해외여행은 두 번째로 처음은 지난겨울 일본 온천여행을 평생교육원 수강생들과 다녀왔다. 여행 떠나는 소감을 발표하는데 해외가 처음이란 말에 외계인 보듯 놀리던 그때 이해할 수 없이 부끄러웠던 기억이 난다. 추석에 가족이 모여 다녀온 소감을 물었다. "칠십 평생 내 삶을 보상받은 것 같다."고 말했다. 살아온 지난날 인내하고 견디고 이겨내어 오늘 누릴 수 있는 내 삶을 사랑하고 행복할 수 있음에 감사하다.

진정한 천국은 어디인가

작은 사슴같이 아름답게 생겼다는 소록도는 문둥병은 전염성이 약함에도 저주받은 자라는 누명을 쓰고 수용된 곳 실화를 바탕으로 건강인과 나환자들의 갈등을 그려낸 소설이 ≪당신들의 천국≫이다.

군사정부 시절 조백현 대령이 원장으로 부임하면서 시작된다. 원장이 부임한 날 선물처럼 원생 한 명이 탈출한다. 원장은 취임 인사도 없이 그 현장에 가 왜 죽음을 무릅 쓰는 탈출을 하는가 하고 고심하게 된다. 원장은 그들 속에서 무관심, 절망, 까닭 모를 반항, 질투를 보았다. 불신과 패배감에 젖은 섬 분위기를 바꾸기 위해 여러 시도를 하지만 번번이 무관심과 불신에 부딪힌다.

이는 명예와 권력욕을 채우려 원생들을 혹사한 역대 원장들의 기억 때문이기도 했다. 그들에게 축구단을 창단하여 건강한 사람을 이길 수 있다는 자신감을 심어주고 싶었다. 원장의 집념으로 축구단을 창단하여 우승컵을 안겨줌으로 너희도 건강인과 다르지 않다는 자신감을 보여준다. 그러나 희망이 없는 곳 소외당하고 인간다움을 받아보지 못한 이들은 병이 나아 소록도를 떠나려 하지 않았다. 그들은 근본적으로 섬에 사는 환자의 운명과 일반인의 운명이 다르며 섬 바깥세상에서 학대와 박해받을 두려움 때문이다.

원장은 그들에게 진정한 삶을 위한 성치 않은 몸으로 공간 바다를 메워 땅을 분배받아 자손만대 살 그들의 천국이 될 수 있다는 희망을 심어준다. 성치 않은 몸으로 4개 섬에서 흙과 돌을 떠다가 바다를 메워간다. 폭풍이 오면 다시 바다로 변하는 간척사업 마무리 단계에서 섬 밖의 사람들은 개발회사라는 이름으로 그 땅을 빼앗으려 들었다. 원장은 원생들이 개간한 땅은 그냥 땅이 아닌 희망과 긍지로 모처럼 싹이 돋기 시작한 그들의 삶을 빼앗기는 것이라며 탄원도 해보지만 거절당했다. 결국 간척공사장은 당국에서 인수하겠다는 통보가 오고 조 원장도 전출 명령을 받는다.

간척사업의 결과물을 섬사람이 갖지 못하는 현실을 저항하는 조 원장에게 황 장로는 간척사업 과정에 많은 것을 얻었다. 그 결과에 연연하는 것은 조 원장 자신의 공로를 챙기기 위한 마음 때문이라고 지적한다. 결국 조 원장은 간척사업 결말을 보지 못하고 섬을 떠난다. 눈물의 역사를 지닌 소록도를 다스리는 자와 다스림을 받는 자의 관계는 치열함으로 가득하다.

남에게 부림 당하고 그것은 자신들이 앞으로 일구어낼 미래를 위한 것이라 착각하고 살았던 권력의 노예가 되고, 힘의 불균형으로 인해 간척사업이 완성되었다 할지라도 당신들의 천국이지 피지배자의 천국일 수는 없다. 과연 신념으로는 변화시킬 수 없는가. 누구나 인간은 약한 자를 돕고자 하지만 필경 자기의 공으로 돌리고 동상을 세우려 하는 것이 인간의 내면이 아닐까. 명분이 과정을 속이지 말아야 하며 명분은 재물을 요구하지 않아야 한다.

천국은 결과가 아닌 과정에서 얻을 수 있는 그것으로 생각한다. 조 원장의 헌신과 정신은 무엇이었을까? 5년 뒤 민간인 신분으로 돌아왔다. 섬사람들과 공동의 운명을 같이하는 삶을 살며 믿음과 사랑이 바탕이 되는 당신들의 천국이 아닌 진정한 천국 건설을 꿈꾼다. 진정한 자유와 사랑에 관하여 묻는 작품이었다.

다시 꿈을 꾸다

2017년 대한민국 문화예술상을 받은 황선미의 ≪마당을 나온 암탉≫의 이야기입니다. 양계장 안에서 주인공인 암탉이 향기로운 꽃을 피워내는 아까시 잎사귀처럼 뭔가를 하고 싶어 스스로 이름을 잎싹이라 지었습니다. 암탉들은 꿈을 품고 자유로운 삶을 찾아 배불리 먹을 수 있는 안전한 마당을 나옵니다.

양계장에서 알만 낳는 잎싹은 알만 낳았지 한 번도 품어보지 못하고 주인에게 빼앗기는 것을 슬퍼합니다. 양계장 문틈으로 보이는 마당 식구들은 날개를 다치고도 씩씩하게 사는 나그네 청둥오리, 안주하는 집오리 떼, 수탉 휘하에 알을 품은 암탉을 보면서 '나도 나가 알을 품어봤으면.' 하는 꿈을 꿉니다. 결국 절 조망에서 살기 싫어 밥을 먹지 않아 알을 낳지 못하게 됩니다.

폐계가 된 그는 구덩이에 버려지고 족제비로부터 생명에 위협을 받게 됩니다. 그 위협에서 오리 틈에 끼지 못하는 청둥오리가 구해주어 친구가 됩니다. 양계장을 탈출했지만, 야생에 익숙하지 못한 잎싹은 행복하지 못하고 다시 마당으로 돌아가지만, 그들에게 따돌림을 당하고 쫓겨나게 됩니다. 족제비가 공격해오는 저수지로 밀려난 잎싹은 그곳에서 먹을 것을 찾으며 꿈을 실현하기 위해 안전을 포기하고 맞섭니다.

가시덤불 속에서 어미 잃은 알을 발견하고 자신의 알처럼 가슴에 털을 뽑으면서 따뜻한 몸으로 알을 품어 줍니다. 나그네 청둥오리는 매일 잎싹에 물고기를 물어다 주고 족제비로부터 잎싹과 알 주변을 지켜 줍니다. 나그네는 잎싹이 품은 알이 깨어나는 날 족제비에게 자신은 희생하게 됩니다.

잎싹은 초록머리를 지키기 위해 족제비와 싸우며 새끼를 키워냅니다. 초록머리는 자라면서 자신의 정체성을 의심하고 그들 무리 속에 들어가지만 늘 따돌림을 받다가 잎싹에게 돌아옵니다. 잎싹은 호시탐탐 노리는 족제비로부터 초록머리를 보호하기 위해 그들 무리로 돌려보냅니다. 초록머리는 무리 속에서 자리를 잡아 파수꾼이 되어 북쪽으로 날아갑니다. 족제비에게 쫓기며 날 수 없는 잎 싹은 초록 머리를 보며 족제비에게 잡아먹히게 됩니다.

난 잎싹이 되어 알을 열심히 낳으나 빼앗기며 알을 품어보기를 꿈꾸는 모습을 보면서 신경숙의 ≪외딴방≫ 구로공단에 어린 소녀들을 생산도구로 여긴 노동환경이 떠올랐고 나무에 구멍을 뚫어 수액을 착취하여 마시는 사람들. 가슴이 멍해졌습니다.

따뜻한 가슴으로 알을 품기 위해 가슴에 털을 뽑는 모성애를 읽으면서 곱고 예쁜 모습도 팔 남매를 키우던 억척과 사나움으로 퇴색해버린 어머니 모습이 떠오릅니다. 온통 검버섯으로 얼굴을 덮은 백 세를 바라보는 어머니, 번데기처럼 쭈그러진 품에선 아직도 고소한 엄마의 향기가 풍깁니다.

비록 폐계가 된 암탉이지만 알을 품어보겠다는 꿈을 안고 도전하는 잎싹을 보면서 나를 비추어 봅니다. 내 생명처럼 소중하고 내 꿈이었던 자식들이 성장하여 가정을 이루어 내 품을 떠나고 남편이 퇴직하니 내 인생이 끝났다 싶었습니다. 큰아들 내외 직장으로 손녀와 손자를 돌보는 십여 년 세월 내 삶에는 내가 없었습니다. 손자가 성장하여 고학년이 되니 내가 보였습니다.

이제부터 나를 위해 자유로이 살리라, 꿈을 꾸었습니다. 더 열심히 예수님 중심으로 살리라, 좀 더 나은 삶을 살기 위해 배움을 시작하리라, 남은 삶 덤이니 봉사하며 나누리라, 운동하여 건강 지키리라 다짐하고, 배움의 끈으로 나를 알고 남을 이해하기 위해 평생 교육원 심리 상담부터 배웠습니다.

지난날을 돌아보고 내 삶을 글로 쓰고 싶어 다시 쓰는 인생 노트에 도전했습니다. 지금은 좀 더 나은 글을 쓰고 싶어 문학이 무엇인지 수필이 무엇인지 모르면서 내 삶을 토하고 어디서나 불쑥불쑥 나타나는 내 어두운 그림자도 수필로 에둘러 표현하고픈 마음으로 도전합니다. 내 부족함으로 옷을 벗어 던지는 수치스러움에 주저앉고 싶었지만, 수업 받으면 묵은 밭을 일구듯이 내 속의 것들은 용솟음칩니다. 삼 년 차 갈수록 어려워만 가는 글쓰기 폐계가 된 잎싹처럼 내 무지에 도전하며 꿈을 꾸고 하나씩 하나씩 배워 아름답고 나다운 표현으로 희망을 주는 욕심을 부려봅니다.

사랑 없이 살 수 없다는 것을

《자기 앞의 생》 작가 '에밀 아자르'는 러시아 이민자 출신 유대인으로 〈하늘의 뿌리〉를 썼던 로맹 가리의 필명이다. 그 뒤 몇 개의 필명을 사용하면서 작품 활동을 했다. 자살하기 전 에밀 아자르의《삶과 죽음》이라는 자서전을 남김으로 자신이 에밀 아자르임을 밝혔다. 로망 가리는 한 번밖에 받을 수 없는 콩쿠르에서《자기 앞의 생》을 에밀 아자르라는 이름으로 바꾸어 콩쿠르상을 두 번 받은 작가로 유명하다.

창녀의 아이 모모와 한때 창녀였고 늙어 창녀 아이들을 맡아 돌보는 로자 아줌마 이야기다. 주인공 모모는 열 살, 엄마가 창녀였다는 것 외에 자신에 대해 아는 것이 없었지만 주눅 들거나 의기소침해하지 않았다. 갑자기 찾아온 아버지를 통해 실제로 열네 살이란 사실에 대견스러워했고 가끔은 보호자로 아줌마를 힘들게 하지만 어린 동생을 돌보는 특유의 영민 함으로 자신의 상황을 잘 적응해 나가는 애 어른이다.

늙은 매춘부 65세인 로자는 진정으로 사랑했던 애인이 그녀가 매춘으로 번 돈을 몽땅 빼앗은 뒤 유대인이라는 이유로 프랑스 경찰에 고발해 아우슈비츠에 강제로 수용되어 탈출해 살아남은 기구한 삶을 겪는다. 한때 아름다웠던 소녀는 이제 몸을 펼 수도 없는 뚱보 아줌마가 되어 창녀들의 아이들을 맡아 키워주며 생계를 유지한다. 모모도 그 과정에서 맡게 된 아이이다. 그 외 시력을 상실한 하밀 할아버지, 고향 아프리카를 떠나와 숲으로 매춘을 나가는 여장 남, 이주노동자, 병들고 가난한 노인, 모두가 세상의 뒤안길로 떠밀려 밑바닥 생활하는 이들을 하나로 묶어주는 것이 이 소설의 주제다.

배경은 파리의 빈민가 그들이 서로 상대에게 해줄 수 있는 것이 없음에도 서로 돕는 삶이 따뜻한 애정으로 다가왔다. 열 살 된 모모는 "나만 빼고 모든 사람은 엄마가 있다."고 슬퍼하지만 엄마와 함께 살 수 없는 현실을 받아들이는 어른스러운 아이였다. 당시 프랑스 법은 매춘부는 아이를 키울 수가 없어 아이를 위탁해서 키웠다.

본문 중 모모의 독백이다. "나는 살아가기 위해서 아주 일찍부터 열심히 살아야 한다는 것을 깨달았다. 시간이 지나 능력이 떨어지면 아무도 도와줄 사람이 없게 된다."

"나는 행복해지기보다는 그냥 이대로 사는 게 더 좋다. 행복이란 놈은 요물이며 고약한 것이기 때문에 그놈에게 살아가는 법을 가르쳐주어야 한다. 어차피 녀석은 내 편이 아니니까 난 신경도 안 쓴다." "내게 좋은 방법은 현실 아닌 곳에서 사는 것이라는 사실을 깨닫게 되었다."

늙어버린 '로자'에게 아이를 더 맡기는 창녀도 없었다. 로자에게 남은 건 모모, 그녀는 모모를 잃을까 두려웠다. 다 커버린 모모가 로자를 버리고 갈까 봐, 로자에게 모모밖에 없듯이 모모에게도 로자밖에 없었다. 모모와 로자에게 가장 큰 불행은 둘 중 한 명이 사라지는 것이다. 로자는 병이 들었고 곧 죽는다는 사실을 받아들일 수 없었다. 양육비를 보내지 않아도 모모를 버리지 않은 것처럼 모모도 로자를 지켜 줄 것을 결심한다.

열 살 소년이 짊어진 삶의 무게, 미성년보호법으로 돈을 벌 수도 없었다. 로자는 치매까지 심해 몸을 팔던 시절처럼 교태를 부린다. 그녀의 지난 생이 그녀를 파괴하고 있었다. 그 모습을 보기 힘든 모모는 집을 뛰쳐 나와 거리를 헤매면서 야속한 생을 원망했다. "왜 세상은 못생기고 가난하고 늙은 사람이 있느냐며 그런 나쁜 것은 하나도 없는 사람이 있는지 모르겠어." 모모는 방황 중에도 그에게 관심을 보이며 함께 살기를 권하는 자를 따르면 지금보다 나은 삶을 살 수 있다는 것을 알면서 혼자 무서워할 로자를 생각하며 돌아온다.

로자는 정신이 돌아올 때 모모에게 고통 없는 안락사를 요구한다. 의사는 병원에서 치료를 권하고 "모모야, 그들은 나를 병원에 끌고 가 억지로 나를 죽지 않게 하려고 온갖 학대를 다 할 거야. 죽을 권리도 주지 않을 거야. 그것들의 특권이니까." 그녀와 모모는 생을 연명보다 깨끗한 마감을 결심한다. 모모는 자기만의 방식으로 로자가 무서울 때 숨은 지하실로 도망쳐 사랑하는 사람을 지켜주기로 한다. 그곳에서 똥오줌을 가리지 못해 지독한 냄새가 나는데도 끝까지 끌어안아준다. "나는 오줌도 누러 가지 않고 과자 한 조각도 먹지 않은 채 로자에게 향수를 뿌려주며 꼼짝하지 않고 그녀 곁에 앉아 있었다. 그녀가 정신을 차리면 가장 먼저 나를 볼 수 있도록"

사람들이 시체 썩은 남새를 쫓아 지하실로 찾아오기 전까지 모모는 로자 곁을 떠나지 않았다. "사람은 사랑 없이 살 수 없다. 그러나 나는 여러분에게 아무것도 약속할 수 없다. 더 두고 봐야겠다. 나는 로자 아줌마를 사랑했고 계속 그리울 것이다." 소설의 마지막 문장이다.

모모에게 로자 아줌마가 없었다면 어땠을까? 로자는 모모의 생을 괴롭게 하는 동시에 생을 지속할 힘이었다. 우리의 삶에서 버거움이 원동력이 되어 이겨 내는 것처럼….

불행한 삶이란 무엇일까? 그것은 부모가 없이 컸던 가난이 외적인 것이 아니라 사랑받지 못한 사람, 사랑하지 못한 사람, 사랑 없이 삶을 지탱하는 사람이 아닐까, 생각해 봤다. 원하지 않는다고 도망할 수도, 희망한다고 다 이룰 수 없는 인생사다. 결국은 스스로 만들어 가야 하는 현실에서 오직 사랑 속에 진정한 생의 가치가 있다는 깨우침이었다.

사람은 사랑 없이 살 수 없다는 메시지는 여전히 생은 버거우나 지난 생을 떠올리고 웃어도 보고 찡그려보고 또 살아갈 남은 날도 그려보며 끌어안고 사랑해야 할 얼굴을 떠올리게 했다. 아픔을 경험한 사람이 아픈 사람을 위로하듯 이들의 아픔을 보면서 위로받은 내 영혼도 보고 있다. 상처 없는 영혼이 어디 있을까?.

또 어느 사람이나 한번은 접하는 죽음 앞에서 어떻게 죽어야 할까. 현대의학이 놓치고 있는 마지막까지 인간다운 삶이어야 함을 다시 한번 생각하게 하며 긴 여운을 남겼다. 북소리 모임 5월의 선정으로 권해준 표영은 권사님에게 모모와 로자와 이웃들의 슬프지만 슬프지 않은 따뜻하게 끌어안은 온기로 사랑의 마음을 고마움과 함께 전한다.

넌 지금 잘 살고 있는가

언제일지 모르지만 내가 이 세상을 이별한 후 나를 기억하는 자들은 무엇이라 평할까가 궁금했다. 내 자녀와 내 남편, 특히 내가 섬기고 있는 교회 목사님과 교우들에게 나는 어떤 사람으로 남을까. 그 상념 속에서 난 나로 살지 못하고 주위를 의식하며 움츠리고 살았음을 고백한다.

삼 남매 중 큰아들과 딸아이를 여의고 남편이 퇴직한 후 우리 부부는 경기도 대성리 MT촌에서 살게 되었다. 처음 객지로 떠나온 생활은 안정되지 않고 가끔 흔들렸지만 노년을 아름답게 살아갈 에너지로 여겼다. 앞마당 건너편에는 시냇물이 흐르고 비가 오면 산 위로 올라가는 안개구름이 병풍처럼 드리웠다. 한겨울은 펑펑 쏟아지는 눈으로 오가는 사람 하나 없는 한적하고 아름다운 풍경들로 여유로움과 한가로움을 느끼게 하는 곳이었다.

그곳은 주로 대학생과 직장인들이 MT 장소로 즐겨 찾았다. 주말이면 쏟아지는 젊은이들의 질서와 낭만과 방종이 함께 어우러지는 곳이다. 새내기 대학생들의 젊은 꿈과 혈기로 널뛰는 모습들을 보며 내가 젊었을 때보다 풋풋한 젊음이 부러웠지만 생소한 문화와 어수선한 분위기는 받아들이기 힘겨웠다.

스스로 최면을 걸어 지금이 내 인생에 가장 행복한 시간이라 마음을 달래고 접으며 이년 반이 넘는 시간을 버텼다. 그러던 중 병을 얻어 소장을 잘라내는 수술을 받았다. 퇴원을 하면서 정 든 전주 집으로 돌아왔다. 지금 와 생각해 보면 병을 얻은 힘겨웠던 일보다 잊을 수 없는 아름다운 장면들이 필름처럼 스쳐 가는 50대 중반 내 삶의 한 부분이다,

그 뒤 십오륙 년의 세월이 흐른 지금 모든 것을 내려놓고 홀가분한 마음으로 내 마음을 들여다보고 나에게 묻는다. 너는 누구인가? 너는 잘 살아 왔고 잘 살고 있는가.

먼저 두 며느리와 생각만 해도 기쁨을 주는 딸아이에게 숙제를 내보았다, "너희가 보는 나는 어떤 사람인지 너의 눈으로 장단점을 솔직히 말해다오. 어려워 말고 답해 주렴." 엄마 마음 다 읽어주지 못한 아들이라 자책할까 봐 착하기만한 큰아들에게는 물어볼 수 없어 접었다. 둘째 아들은 엄마의 마음 헤아릴 것 없이 현실에 비추어 말해주면 못난 에미는 상처로 혼자서 끙끙거릴 것 같아 물어보지도 못하고 그냥 접었다,

물을 마시면서도 다투는 남편에게 " 당신이 보는 나는 어떤 사람이야?" 물으니 일편단심 민들레란다. 남편은 나 하는 일 모두를 간섭한다. 보이지 않으면 나가지 마라, 집에 있으면 돌아다니라고 권하는 사람이라 어느 장단에 춤을 추어야 할지 모를 사람이다. 남편이 막내로 부모를 모시고 시누이 시동생 건사할 일 없이 살았고, 아이들 셋 다 출가하고 이 나이 되도록 옆에서 살아준 위세로 그 잔소리에도 끄떡없이 난 내 멋대로다.

카톡~!! 큰 며느리에게서 답이 왔다, "장점은 세상에서 가장 따뜻한 마음을 가지신 거구요, 단점은 솔직히 말씀드리면 세상에 있는 돈 없다는 거? ㅎㅎㅎ 가장 귀한 마음이 따뜻한 어머님이라 저는 행복한 며느리에요. 이게 진짜 제 진심이에요. 평상시 느끼고

있는 두분이에요." 하고 답이 왔다.

무언가 허전하다. 내면의 또 다른 내가 발동을 한다. 내가 듣고 싶은 말은 무엇이었을까. 며느리 이상으로 의지하는 가슴에 숨겨진 그 무엇이 있었는지 나도 모르겠다.

작은애를 떠올린다. 어쩜 아주 편하지만 않을 것 같은 작은애 마음이 느껴진다. 일곱 살, 다섯 살인 제 아이들을 돌봐 주고 있는데도 아직 잘 소통하고 있다고 느껴지지 않은 탓일까? 카톡~! 작은애 답이다.

"바빠서 늦었네요, 어머니 장점은 장점이 많으신 분이죠. 내 몸 먼저 돌보지 않으시고 가족 위해 희생하는 부분이 많으시고 배려심도 많으시고요. 항상 무엇이든 긍정적인 부분과 포용하며 넓은 마음으로 이해해 주시는 장점이죠. 단점은 참지만 마시구, 없는데요. 저희 잘되라고 희생하시는 어머니 대단하시죠." 내 마음이 부끄러워진다. 나을 향한 그 애 마음을 읽으니 많이 미안한 생각이 든다.

카톡~!! 딸이 보는 울 엄마 "겉 보기는 야리야리 젊었을 적 한 미모 했을 것 같지만 세월의 흔적이 그대로 담겨 있는 울 엄마 주어진 환경 속에서 기도하며 말씀대로 살고 싶은 울 엄마, 무엇보다 자신은 생각지 않고 자식을 향한 무한한 사랑 가지고 표현해주며 보살피면서 겉으론 강해 보이나 속으로는 여리고 약한 천생 여자 울 엄마지, 엄마가 우리들의 든든한 버팀목이지, 너무도 당연시 받았던 엄마 사랑 표현하지 못했던 부모님을 향한 나의 사랑 다시 생각하며 정말 정말 사랑합니다." 딸이 보는 엄마 모습은 이렇게 힘을 주는 격려가 되었다.

"아가씨! 어머니 무슨 일 있으신가요? 이번 일로 충격 받으신 건가?" 딸에게 물었단다.

"우리 엄마도 자식들에게 사랑을 확인받고 싶은 건가?" 딸의 답이었단다.

갑작스러운 나의 숙제로 애들도 서로 들여다볼 수 있는 기회가 주어짐을 감사한다. 지금까지 난 내 자리에서 최선을 다하며 살았다. 두 아들에게 수고했다, 미안하고 잘 살아주어 고맙다 말하고 싶다.

가수 노사연 님의 〈바램〉 가사 일부분 "광야을 걷는다 해도 꽃길이라 생각할 겁니다."라는 내용이 입가에서 맴돈다. 그래 내가 꽃길이라 생각하고 상대가 꽃길이라 생각해야 꽃길인 거지, 서로 생각의 차이는 오해을 불러오고 씻을 수 없는 상처로 남게 된다.

나는 나에게 다시 묻는다. 너는 누구인가 너 지금 잘 살고 있는가.

■ 덧붙이는 말

갑자기 목이 따끔거렸다. 혹시? 하면서 자가 키드 검사기로 검사해 보니 한 줄만 그어졌다. 그날 밤 기침으로 날을 밝혔다. 아침에 두려운 마음으로 다시 검사하니 두 줄이 나왔다. 잠시도 쉴 틈 없는 기침으로 배까지 아파오고 침도 삼킬 수 없이 목이 잠겨버렸다. 동네 병원에서 약을 받고 화산체육관으로 갔다. 다음날 확진이라는 안내문과 자가 격리로 외출하면 벌금이라는 문자가 왔다. 확진자가 되면 어딘지 모르게 데려간다는 말을 들었지만 나는 이미 사회가 코로나 예방접종 후 느슨해져 자가격리로 분류되었다.

마스크를 두 겹으로 한 아들딸이 현관에서 얼굴만 내밀고 잘 먹어야 된다며 과일과 음식을 현관에 놓고 간다. 나도 역시 어서 가라며 쫓아낸다. 목이 아파 음식을 삼킬 수도 없고 입안이 소태처럼 써 아무것도 먹을 수가 없다. 밥은 먹을 수가 없고 뜨거운 물과 수박과 복숭아만 넘길 뿐이다. 난 사람 몸이 그렇게 뜨거운 줄 몰랐다. 내가 앉았던 자리는 장작불을 피워놓은 것처럼 뜨거웠다.

동네 병원에 코로나 환자 입원할 수 있나 물었다. 지정 병원만 받는다기에 보건소에 물었다. 환자가 많아 자리가 없단다. 꼼짝없이 유배 아닌 유배자가 되어 있다. 어떻게 알았는지 한 입에서 두 입 건너 물어오는 안부는 이웃 누구는 확진 삼 일만에 초상 치렀다며 몸조리 잘하란다. TV에서는 늘어나는 사망자 수를 발표하고 있다.

이런 때일수록 가족이 서로 위로하고 위로 받아야 하는데 가족까지 떨쳐내는 세상으로 변하고 있다. 날마다 먹을 것을 날라다 주는 자식들 얼굴을 맞대고 보지 못하고 등을 보면서 혼자서 푸념을 늘어놓는다. '무슨 이런 병이, 이건 코로나19가 아니라 고약하고 이상스러운 외로운 병'이라 이름 지었다. 결국 사람은 이렇게 혼자서 살다가 혼자 가야 하나 싶다.

계속되는 기침으로 옛날 수술 받았던 그 자리 통증으로 코로나 때문이 아니라 이것 때문인가 하는 의심으로 더 맥이 풀려왔다. 그 가운데서 난 내 삶을 정리하고 있었다. 눈을 감고 깊은 생각에 빠졌다. 내 마지막 모습은 자녀들에게 웃음을 보여 줘야지. 그 사람 떠나보낼 때처럼 너희가 있어 행복했다 고마웠다 말해야겠다.

옛날 같으면 그 사람 곁에 나란히 누워있음 직한 때다. 나는 그리스도를 믿는 사람으로 죽음에 대한 두려움에서 자유로운 영혼으로 살아가고 있음을 자부한다. 지금 오늘은 덤으로 누리고 있는 것으로 그분이 부르시면 이 세상 미련 없이 아멘 할렐루야 한다고 말했었다.

언제 그분이 부르실 줄 모르니 부름받기 전에 책을 내야 한다고 글벗님들과 입버릇처럼 이야기했다. 이대로 간다면 그동안 몸살을 떨면서 용기를 내어 삶을 대변해온 글들이 그냥 묻히는 것이 걸렸다.

코로나가 풀리고 회복되지 않은 몸으로 망설임 없이 먼저 한 일이 원고를 넘기는 일이었다.

원고를 넘기고 부끄러움을 안고 초조히 기대하고 있으면서 졸작에 읽힐 거리 없는 글이지만 이렇게 탄생한 글이라고 덧붙이고 있다.

조경자 수필집

버팀목

인쇄 2022년 10월 05일
발행 2022년 10월 10일

지은이 조경자
발행인 서정환
펴낸곳 수필과비평사
주소 서울시 종로구 삼일대로 32길 36(익선동 30-6 운현신화타워 빌딩) 305호
전화 (02) 3675-3885 (063) 275-4000 · 0484
팩스 (063) 274-3131
이메일 essay321@hanmail.net
출판등록 제300-2013-133호
인쇄·제본 신아출판사

ISBN 979-11-5933-413-9 (03810)
값 13,000 원

Printed in KOREA